# 哲学する道徳

現実社会を捉え直す授業づくりの新提案

小笠原喜康・朝倉 徹 編著

東海教育研究所

**Develop a New Moral Education through the Active Discussion**
**: New Proposal for Class Comprehendiug Real Society**

Edited by Hiroyasu OGASAWARA and Toru ASAKURA
Tokai Education Research Institute, 2022
Printed in Japan
ISBN978-4-924523-30-2

# 少し長いまえがき

## 1　道徳教育改善の方向性

二〇一四年一〇月二一日、中央教育審議会から「道徳に係る教育課程の改善等について」（中教審一七六号）と題する答申がだされた（以下、答申と略記）。本書では、この答申の基本的な考え方を遵守するなら、どういう授業になるのかを提案したい。

この答申の全体を貫く基本は、徳目の押しつけではなく、一人ひとりの多角的な思考力の育成と、結論をださないオープンエンドの授業提案である。というのも、答申の冒頭の、「1 道徳教育の改善の方向性」の「(1)道徳教育の使命」で、基本的な考え方を次のように述べているからである。

1　道徳教育の改善の方向性

(1)道徳教育の使命

〔前略〕なお、道徳教育をめぐっては、児童生徒に特定の価値観を押し付けようとするものではないかなどの批判が一部にある。しかしながら、道徳教育の本来の使命に鑑みれば、特定の価値観を押し付けたり、主体性をもたず言われるままに行動するよう指導したりすることは、道徳教育が目指す方向の対極にあるものと言わなければならない。むしろ、多様な価値観の、時に対立がある場合を含めて、誠実にそれらの価値に向き合い、道徳としての問題を考えつづける姿勢こそ道徳教育で養うべき基本的資質であると考えられる。

もちろん、道徳教育において、児童生徒の発達の段階等を踏まえ、例えば、社会のルールやマナー、人としてしてはならないことなどについてしっかりと身に付けさせることは必要不可欠である。しかし、これらの指導の真の目的は、ルールやマナー等を単に身に付けさせることではなく、そのことを通して道徳性を養うことであり、道徳教育においては、発達の段階も踏まえつつ、こうしたルールやマナー等の意義や役割そのものについても考えを深め、さらには、必要があればそれをよりよいものに変えていく力を育てることをも目指していかなくてはならない。

また、実生活においては、同じ事象でも立場や状況によって見方が異なったり、複数の道徳的価値が対立し、単一の道徳的価値だけでは判断が困難な状況に遭遇したりすることも多い。このことを前提に、道徳教育においては、人として生きる上で重要な様々な道徳的価値について、児童生徒が発達の段階に応じて学び、理解を深めるとともに、それを基にしながら、それぞれの人生において出会うであろう多様で複雑な具体的事象に対し、一人ひとりが多角的に考え、判断し、適切に行動するための資質・能力を養うことを目指さなくてはならない。（傍線筆者、二～三頁）

この文言で重要なのは、筆者が傍線を付したところである。改めて下線部を抜き書きしてみたい。

・道徳教育の本来の使命に鑑みれば、特定の価値観を押し付けたり、主体性をもたず言われるままに行動するよう指導したりすることは、道徳教育が目指す方向の対極にあるものと言わなければならない。むしろ、多様な価値観の、時に対立がある場合を含めて、誠実にそれらの価値に向き合い、道徳としての問題を考えつづける姿勢こそ道徳教育で養うべき基本的資質であると考えられる。

・これらの指導の真の目的は、ルールやマナー等を単に身に付けさせることではなく、〔中略〕こうしたルールやマナー等の意義や役割そのものについても考えを深め、さらには、必要があればそれをよりよいものに変えていく力を育てることをも目指していかなくてはならない。

・実生活においては、同じ事象でも立場や状況によって見方が異なったり、複数の道徳的価値が対立し、単一の道徳的価値だけでは判断が困難な状況に遭遇したりすることも多い。〔中略〕それぞれの人生において出会うであろう多様で複雑な具体的事象に対し、一人ひとりが多角的に考え、判断し、適切に行動するための資質・能力を養うことを目指さなくてはならない。

このように答申では、徳目主義ではなく「道徳としての問題を考えつづける姿勢こそ道徳教育で養うべき基本的資質であると考えられる」と、いわばオープンエンドな目標を掲げる。これは、これから大きな変動を迎える現代社会に生きていく今の児童生徒に対する、適切な基本姿勢であると評価できる。

## 2　授業方法の改善方策

しかし教科書が作られ、実際の実践となると、こうした基本姿勢が忘れられ、安易な徳目の教え主義に流れることにもなりかねない。とりわけ、オープンエンドな取り組みは、実践家にとって慣れていないこともあって、十分に達成されないことも心配される。答申においてもこの点が危惧され、「道徳教育の指導方法をめぐっては、これまでも、例えば、道徳の時間において、読み物の登場人物の心情理解のみに偏った形式的な指導が行われる例があることや、発達の段階などを十分に踏まえず、児童生徒に望ましいと思われる分かりきったことを言わせたり書かせたりする授業になっている例があることなど、多くの課題が指摘されている」（傍線筆者、一一頁）として、その授業方法においても次のようにすべきだとしている。

2　道徳に係る教育課程の改善方策

(4)多様で効果的な道徳教育の指導方法へと改善する

①多様で効果的な指導方法の積極的な導入について

道徳教育においては、児童生徒一人ひとりがしっかりと課題に向き合い、教員や他の児童生徒との対話や討論なども行いつつ、内省し、熟慮し、自らの考えを深めていくプロセスが極めて重要である。また、特に社会を形成する一員としての主体的な生き方に関わることなどについては、実際に現場での体験活動を行うなど、行動を通して実感をもって学ぶことも重要である。このことを踏まえ、「特別の教科道徳」（仮称）においても、そのねらいの達成に向け、言語活動や多様な表現活動等を通じて、また、実際の経験や体験も生かしながら、児童生徒に考えさせる授業を重視する必要がある。互いの存在を認め尊重し、意見を交流し合う経験は、児童生徒の自尊感情や自己への肯定感を高める上でも有効と考えられる。

あわせて、「特別の教科道徳」（仮称）の目標や指導のねらいに即し、一人ひとりが見通しをもって主体的に考え、学ぶことができるよう、その内容を学ぶことの意義を理解させたり、学んだことを振り返らせたりする指導が重要である。（傍線筆者、一一頁）

このように、「内省し、熟慮し、自らの考えを深めていくプロセスが極めて重要である」「児童生徒に考えさせる授業を重視する必要がある」「一人ひとりが見通しをもって主体的に考え、学ぶことができるよう」と、繰り返し児童生徒が多面的かつ主体的に考えることの重要性を述べる。ではこうした道徳教育観にそった授業はどのように実践されなくてはならないのだろうか。

◇「考えつづける」という道

世の中のこと、どうすべきかという判断が、すぐにはつかないことが多い。

・高齢者に席をゆずれ　・中絶はするな　・人を殺すな　・借金は返せ

・人には親切にせよ　・親は敬え　・友と仲良くしろ

これらはみな、その時の条件や情勢によって、とりうる行為は様々でありうる。時と場合によっては、人も殺さなくてはならない。足の不自由な高齢者に席を強く譲ってはならないこともある。敬ってはいけない親も、仲良くしてはいけない友もある。

足の不自由な高齢者に席を譲らないことが必要なこともある。すぐ降りる高齢者に席を譲ろうとして、断られる場面にはよくでくわす。足が不自由な高齢者は、座る動作が苦しいことがあるからである。暴力を振るう親を敬うことは難しい。悪事に誘う友人と仲良くしてはいけないし、大学であれば出席をあまりしないで、ノートを借りたがる友人や、カンニングを求める友人を助けることは、友のためにはならない。借金も、不当な利子を払う必要もなければ、自己破産ということも認められている。殺人も、正当防衛、緊急避難、戦争、死刑、消極的安楽死、母体保護のための堕胎などで許される。文化が違えばもっと許される範囲は広がるし、年齢や精神状態や情状によっても許される。

こうしたように、どのようなものであれ、それぞれの事情によって、多様な選択肢がありうる。現実世界では、確信をもって行えることはむしろ少ない。現実世界では、しばしば私たちは、悩み、躊躇し、逃避し、目をつむり・そらし、弁解する。そうした自分と向き合う努力、それが道徳的実践ではないか。

このようにいうと、ただ考えているだけではダメなのではないか、という批判がなされるかもしれない。しかしそうではない。行動してはならないというのではもちろんない。そうではなく、行動は普段の考えつづける中から生まれるのではないかと思われるのである。道徳的行動は、考えつづける中から、ある場面で瞬間的にでてくるものではないか。歩く行動は、足元をみて考えぬいてなされるのではない。ふっと、身体的に自然になされる。道徳的実践も、考えてすることではない。だからこそ、考えつづけることが重要なのではないか。徳目への盲従や教条ではない実践ならば、考えつづける姿勢こそ、道徳的実践になるのではないだろうか。

本書では、こうした考え方から、考えつづける具体的な授業を提案することを目的にしている。これから提案する授業は、一度都内の中学校（二年生・一年生のクラス）で実験授業をしてみたものである。その授業からわかったことは、子どもたちには、私たちが想定していた以上に、よく考える力があったということである。授業後のアンケートでは、「いつもは先生にあわせていたけれど、本当はこう思っている」といった発言がいくつもみられた。私たちは、そうした意味では、反省をしなくてはならないのかもしれない。

二一世紀が始まって一七年、いま産業革命を超える大変革が進行しているといわれる。端的にいえば、二一世紀は、ロボットとＡＩ・人工知能、そして多くの自動化とビッグデータ、さらには３Ｄプリンターの時代である。二一世紀に入ってからの社会の変革は、予想以上に速度が速く、かつ隅々にまでおよんでいる。

二〇一五年一月の世界経済フォーラム（通称・ダボス会議）で議論になったのは、これからの社会では、二〇一〇年から二〇二〇年の間に、こうした技術の進歩によって、四七％の仕事がなくなるというオックスフォード大学の調査が示す問題についてであった。ホワイトカラーの半分は不要になるともいわれるが、ＡＩの発達は知的職業の代表である、医師・弁護士・大学教授すらも大量に不要にする。車の自動化がもうすぐ始まるが、そうなればトラックやタクシーの運転手は不要になる。エネルギー問題も、水素自動車などの浸透によって大きく様変わりする。医学の進歩は、寿命を飛躍的に伸ばす。こうしたことが、産業革命をはるかにしのぐ勢いで進行していく。

そのためすでに始まっているこの大変革の時代では、新たな道徳が求められることになる。法律も整備されなくてはならない。まだだれにもはっきりとは予測がつかない、新たな世界。その中を子どもたちは生きていかなくてはならない。寿命が伸びる一方で、人口が急速に収縮するこれからの時代、もはやこれまでの既存の道徳規範を教えこめる時代ではない。一八歳からの選挙権もスタートした。こうした時代、求められる道徳性とは、考えつづける力ではないだろうか。

◇道徳の評価について

道徳の知識は、本当に身についたかどうかが、すぐには判定できない性質のものであることは確かである。というより、人を殺してはいけないという道徳が身についたかどうかを確かめる術はまずない。だが評価するとしたらどうするのだろうか。数値ではないというのだから、コンピューター時代なので、幾つかのパターンを組み合わせて書き込めばいいという手も確かにある。もちろんそれは、明らかな逃げである。

答申では、これについて「(6)一人ひとりのよさを伸ばし、成長を促すための評価を充実する」「①評価に当たっての基本的な考え方について」において、次のように述べる。

道徳性の評価に当たっては、指導のねらいや内容に照らし、児童生徒の学習状況を把握するために、児童生徒の作文やノート、質問紙、発言や行動の観察、面接など、様々な方法で資料等を収集することになる。その上で、例えば、指導のねらいに即した観点による評価、学習活動における表現や態度などの観察による評価（「パフォーマンス評価」など）、学習の過程や成果などの記録の積み上げによる評価（「ポートフォリオ評価」など）のほか、児童生徒の自己評価など多種多様な方法の中から適切な方法を用いて評価を行い、課題を明確にして指導の充実を図ることが望まれる。（一六頁）

これからの大変革時代における道徳は、一人ひとりの生き方が問われる問題となる。そうなると、ますます考えつづけることが必要になる。となれば、教師が評価を下すというよりは、ポートフォリオを中心にした自己評価の方がふさわしいのではないだろうか。考えつづけることをめざすのであれば、それはいわばオープン・エンドな指導になる。となれば、できた・できないといった評価ではなく、自ら問いを立てる評価がふさわしいだろう。答申は、そうした方向を考えているのではないかと筆者らには思われる。

しかし、こうした考える道徳は、小学校低学年のような子どもたちには難しいという意見もあるかもしれない。こうした子どもたちには、やはり「殺すなかれ」といった、カントの定言命法のような形で教え込むことが必要であるという意見もあるかもしれない。だが、たとえ低学年の子どもであっても、「君ならどうする」と問うことができるのではないか。この問い方は、日本のこれまでの教育で、あまり重視してこなかった。これからは、道徳に限らず、こうした選択の問いをすることが求められるのではないだろうか。筆者

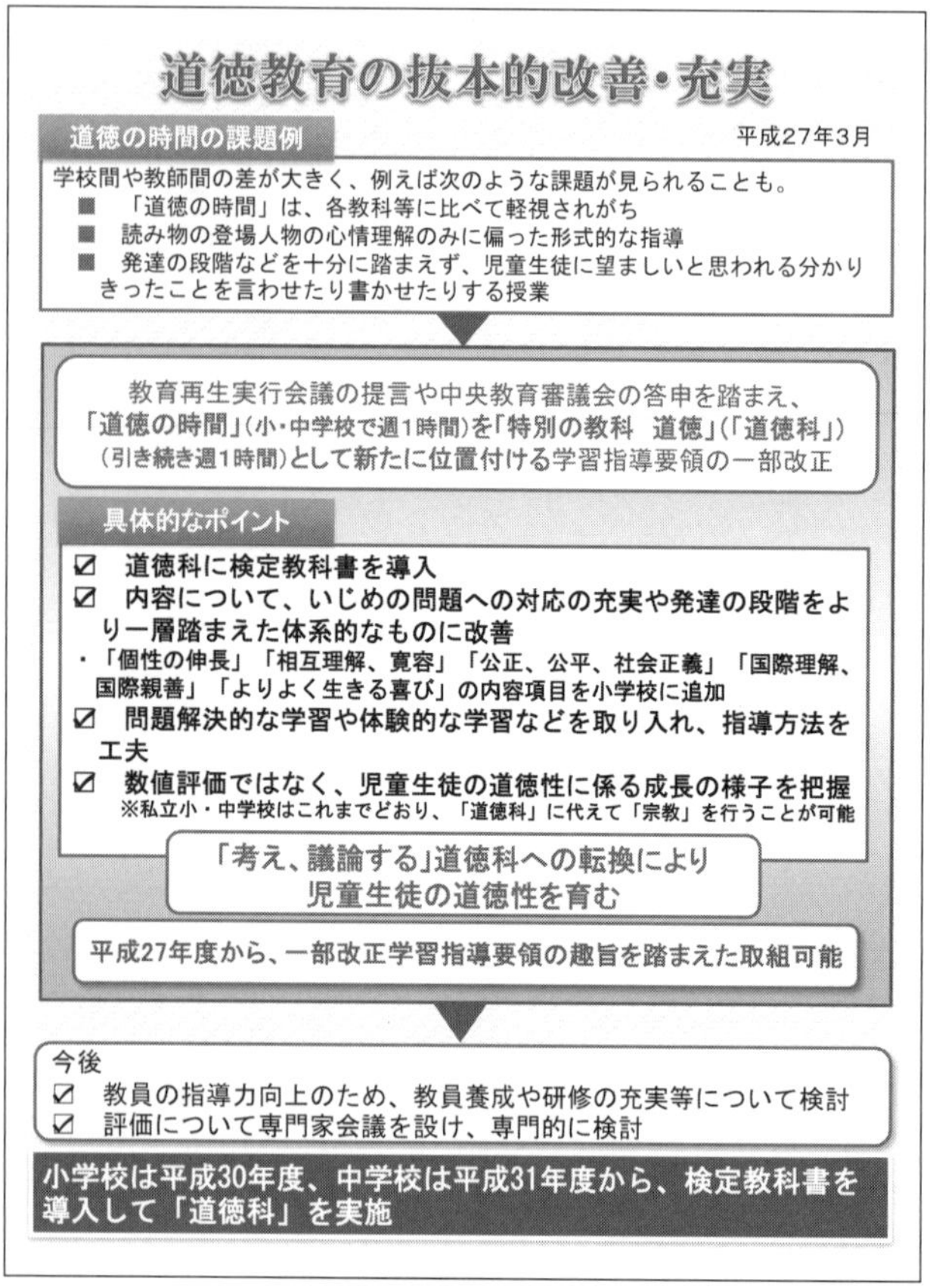
道徳教育の抜本的改善・充実
道徳の時間の課題例
平成27年3月
学校間や教師間の差が大きく、例えば次のような課題が見られることも。
■ 「道徳の時間」は、各教科等に比べて軽視されがち
■ 読み物の登場人物の心情理解のみに偏った形式的な指導
■ 発達の段階などを十分に踏まえず、児童生徒に望ましいと思われる分かりきったことを言わせたり書かせたりする授業
教育再生実行会議の提言や中央教育審議会の答申を踏まえ、
「道徳の時間」(小・中学校で週1時間)を「特別の教科 道徳」(「道徳科」)
(引き続き週1時間)として新たに位置付ける学習指導要領の一部改正
具体的なポイント
☑ 道徳科に検定教科書を導入
☑ 内容について、いじめの問題への対応の充実や発達の段階をより一層踏まえた体系的なものに改善
・「個性の伸長」「相互理解、寛容」「公正、公平、社会正義」「国際理解、国際親善」「よりよく生きる喜び」の内容項目を小学校に追加
☑ 問題解決的な学習や体験的な学習などを取り入れ、指導方法を工夫
☑ 数値評価ではなく、児童生徒の道徳性に係る成長の様子を把握
※私立小・中学校はこれまでどおり、「道徳科」に代えて「宗教」を行うことが可能
「考え、議論する」道徳科への転換により
児童生徒の道徳性を育む
平成27年度から、一部改正学習指導要領の趣旨を踏まえた取組可能
今後
☑ 教員の指導力向上のため、教員養成や研修の充実等について検討
☑ 評価について専門家会議を設け、専門的に検討
小学校は平成30年度、中学校は平成31年度から、検定教科書を導入して「道徳科」を実施

文科省の道徳教育についての概要

らは、そのように考える。

＊＊＊＊＊＊＊＊

本書では、具体的な授業の提案を主目的としているので、教材文を提示して、それについての基本的な姿勢を述べ、さらに1〜4段階あるいは5段階の授業の展開事例をのべている。そして最後には、筆者らが本書を書くにあたって、中学校（東京都世田谷区立松沢中学校）でおこなった実験授業から、生徒たちの感想などを述べている。一つの参考にしていただければ幸いである。

目次

哲学する道徳——現実社会を捉え直す授業づくりの新提案——

第1章　道徳教育とは何か――朝倉　徹

# 第1章　道徳教育とは何か

## 1　新しい道徳教育（「特別の教科　道徳」）は、これまでと何が違うのか

まえがきでも触れられていたように、二〇一四年の一〇月二一日に中央教育審議会から道徳教育に関する答申（「道徳に係る教育課程の改善等について」）が出された。その後、この答申を受けて、二〇一五年三月二七日に学習指導要領の一部が改定された。ここでは、まず、その改定内容を概観してみる。

道徳教育については、これまでの「道徳の時間」が「特別の教科　道徳」（以下、「道徳科」）と変わり、国語科や理科などの他教科と同じように独立した章立てがなされた。そして、「特別の教科」ということになったため、新たに教科書が作られることになった。これまでも教科書のようなものは授業で使われていたが、それらは正確には副教材や参考資料であった。そもそも「道徳の時間」は教科ではなかったので、教科の書（教科書）はなかったのだ。また、その他に、教科となることによって、成績（評価）が「道徳科」に導入されることとなった。ご記憶でない読者の方もいらっしゃるかもしれないが、「道徳の時間」には成績がなかったのである。しかし、これからできる道徳科では成績がつくことになった。このことは多くの難しい点を含んでいるが、そのことについて触れる前に、道徳教育の目的と内容がどのように変わったのかを見てみよう。

二〇〇八年に改定された学習指導要領（以下、旧学習指導要領）では、道徳教育において養う「道徳性」は「道徳的な心情、判断力、実践意欲と態度」であるとされていた。一方、二〇一五年に一部が改定された学習指導要領（以下、新学習指導要領）には、「よりよく生きるための基盤となる道徳性を養うため、道徳

的諸価値についての理解を基に、自己を見つめ、物事を多面的・多角的に考え、自己の生き方についての考えを深める学習を通して、道徳的な判断力、心情、実践意欲と態度を育てる」と書かれている。

両者は似ているが、「道徳性」の捉え方が異なっている。前者（旧学習指導要領）では、「道徳性」の定義が「道徳的な心情、判断力、実践意欲と態度」であると明記されている。「道徳的な心情」、「道徳的な判断力」、「道徳的な実践意欲」、「道徳的な態度」こそが「道徳性」であり、それらを養うことが道徳教育の目標となっていた。しかし、後者の新学習指導要領では、「道徳性」は「よりよく生きるための基盤」であり、「道徳的な判断力、心情、実践意欲と態度を育てる」ことは、「道徳性」を養う（よりよく生きる）ための手段として位置づけられている。

先ほど引用した新学習指導要領の一部をもう一度見てほしい。「道徳的な判断力、心情、実践意欲と態度を育てる」ための方法として、「道徳的諸価値についての理解を基に、自己を見つめ、物事を多面的・多角的に考え、自己の生き方についての考えを深める学習」が挙げられている。「道徳的諸価値」とは、ここではいったん「社会や人間関係において価値があるとされていること」としておこう。その理解に基づいて、「自己を見つめ、物事を多面的・多角的に考え、自己の生き方についての考えを深める」ことが道徳科の学習であり、それを通じて、児童・生徒各自が「よりよく生きるための基盤」を養うことが道徳科の目標であると新学習指導要領には書かれているのだ。

「物事を多面的・多角的に考え」るということは、あることについての違う見方や考え方を知ることである。それによって「自己の生き方についての考えを深める」ことが授業のねらいであり、「道徳科」では児童・生徒たちの間で意見や結論が分かれても構わないのだ。

二〇一四年一〇月二一日に中教審から出された答申の中に、この点を裏付ける文章がある。

「道徳教育の本来の使命に鑑みれば、特定の価値観を押し付けたり、主体性をもたず言われるままに行動するよう指導したりすることは、道徳教育が目指す方向の対極にあるものと言わなければならない」。

新学習指導要領よりもはっきりと書かれているが、道徳教育では「特定の価値観を押し付けたり」してはいけないのだ。ある画一化した価値について「主体性をもたず言われるままに行動するよう指導したりする」ことは、道徳教育の「対極にある」と明言されている。「道徳科」においては、決まった道徳的価値を覚えたり、確認したりするのではなく、児童・生徒一人ひとりが主体的に考え、主体的に行動できるような能力を養うことが目標とされているのだ。

では、そのような目標を達成するために、どのような授業を行うのか。新学習指導要領には、以下のように記されている。

「例えば、科学技術の発展と生命倫理との関係や社会の持続可能な発展などの現代的な課題の取扱いにも留意し、身近な社会的課題を自分との関係において考え、その解決に向けて取り組もうとする意欲や態度を育てるよう努めること。なお、多様な見方や考え方のできる事柄について、特定の見方や考え方に偏った指導を行うことのないようにすること」。

続けて教材については「生徒の発達の段階や特性、地域の実情等を考慮し、多様な教材の活用に努めること。特に、生命の尊厳、社会参画、自然、伝統と文化、先人の伝記、スポーツ、情報化への対応等の現代的な課題などを題材とし、生徒が問題意識をもって多面的・多角的に考えたり、感動を覚えたりするような充実した教材の開発や活用を行うこと」と記述されている。

旧学習指導要領の下でも、「自然、伝統と文化、先人の伝記、スポーツ、情報化への対応」に関する教材は使われていたようだが、今回、特に「生命の尊厳」や「社会参画」という文言が追加されている。それらの課題を「自分との関係において考え、その解決に向けて取り組もうとする意欲や態度を育てるよう」な授業を進めることが記された。また、その際には「多面的・多角的に考え」、「特定の見方や考え方に偏った指導を行うことのないようにする」ということも提言された。この点も大きな変更点と言えるだろう。

このように新学習指導要領における新しい道徳教育では、容易に答えが出ないような社会問題を取り上げ、多角的に考えながら、自分自身の道徳的価値を確立していくことが、その目的とされたのである。

これまでの、一般的な道徳教育のイメージとはずいぶん異なっていると言えるのではないだろうか。そこで、次節では、「そもそも、道徳とは何なのだろうか」について考えてみる。

## 2　道徳とは考える習慣や能力のことである

### ①　褒められたくて人を助けることは道徳的なのか

そもそも、道徳とは何なのだろうか。哲学者の加藤尚武は『応用倫理学事典』に寄稿した「責任倫理と未来倫理」という文章の中で、「相互性の倫理」と「献身の倫理」という言葉を用いて道徳を説明している。（加藤は同事典の中で、倫理と道徳を「ほとんど同じ意味である」と記している。ここではいったん、倫理と道徳を同じものと扱うことにする）。

「相互性の倫理」とは、「自分がされていやだと思うことは他人にするな」という倫理のことである。「物を壊してはいけません」や「他人に暴力をふるってはいけません」と言う理由が、「自分がされたらいやでしょう。だからやめなさい」ということであるなら、これに当てはまる。それに対して、「献身の倫理」は、「見返りを考えに入れないで行う」気持ちのこと。困っている人に対して、咄嗟《とっさ》に手を差し伸べるような行為などの例が挙げられている。

加藤は「献身の倫理」は「誰もが身につけなくてはならない」ものであるが、現実的には「市民的な倫理の大半は、相互性の倫理でカバーできる」と言う。これに従えば、道徳教育の理想としては見返りを求めない献身的な心を求めたいが、現実的な目標としては、自分の利益を考えるような打算的な行為であっても構わないから、自分がされて嬉しいことを他人にしようと考えること、と言えるだろう。

同じような考えを述べている人は他にもいる。ランドルフ・ネッセは、道徳を、ある集団の中で生きていくために必要な性質であるとし、以下のように説明する。「我々は他者から『道徳的だ』と判断されれば得をし、『不道徳だ』と判断されれば損をすることになる。道徳性とは、集団の中で正しいとされている事と誤っているとされる事とを区別し、正しいとされていることをしたくないと考える心を奮い立たせ、誤っていることをしたいという誘惑を抑える力である」と言う。

加藤よりもネッセの方がはっきりした言い方をしているが、二人共、見返りを求めた行動であっても、それは道徳的行為の中に含まれると考えている。褒められたくて、あるいはお金が欲しくて他人を助けた場合であっても、道徳的行為になるのである。これは「情けはひと（他人）の為ならず」という諺《ことわざ》と同じだろうか。何か釈然としない読者も少なくないだろう。

しかし、加藤が言う「献身の倫理」のように「全く見返りを求めない」行為というのは、実際にはあるのだろうか。加藤は「困っている人に手を差し伸べる」ことを挙げているが、咄嗟の時以外は、その行為をすることによって「良い人と思われたい」、また何もしないことによって「思いやりがない人と思われたくない」、という考えが頭に浮かぶのではないか。電車の座席を譲ったくらいで謝礼をもらえるとは思わないだろうが、「譲られた高齢者が学校や会社に電話してくれたら、先生や上司に褒められるだろうな」と考えない人がまったくいないとは言えないだろう。

もしこういう考えをもちながら座席を譲ったら、それは本当に道徳的な行為といって良いのだろうか。仮にそういう「下心」がある行為は道徳的でないなら、ある行動を起こす時に、打算的な考えがよぎるかどうかが、道徳的行為かどうかの分かれ道なのだろうか。もしそうなら、道徳の授業で育てる力は、道徳的な行為を実践することではなく、打算的な考えが浮かばない精神力を養うということになるのだろうか。

## ② 道徳教育は社会的規範を教え込むことではなく、いかに生きるべきかを考えるものである

どうやら、「道徳とは何か」という質問の答えは、簡単に出るものではなさそうである。では、哲学（倫

理学）の事典ではなく、言葉の辞書にはどう書いてあるのだろうか。

まず試みに和英辞典（『新和英大辞典』）を引くと、道徳は morals とある。原語はラテン語の mores（単数形は mos）。morals は英和辞典（『ランダムハウス英和大辞典』）によると「道徳」とあり、その後に「社会において一般に受け入れられている行為および正しい生活の慣習と、個人の素行についていう」と追記されている。原語である mores をラテン語辞書（『羅和辞典』）で引くと「習俗、習慣、風俗」とある。次に、国語辞典（『日本国語大辞典』）で「モラル」を引くと、「はじめは慣習、風習、習俗の中に現れるが、人間の批判的な自覚の高まりとともに、慣習や習俗を批判し反省しながら、慣習から分化した精神的規範や基準として現れる」と書かれている。

慣習や習俗とは、ある共同体を安定的に存続されるための生活様式であり、しきたり、儀礼、掟《おきて》などと呼ばれるものもある。別の言い方をすれば社会的な規範と言っても良いだろう。

それらは、比較的長い期間、広域的に絶対的な価値規範として捉えられることもあるが、「時代にあっていない」などと指弾され、相対的に捨象されたり、変質するケースもある。戦時中とその後の社会の有り様を比較すれば、社会的規範というものが時代や地域に限定されており、時間や空間の変化によって否定されたり、変質したりするものであることが分かるだろう。

既存の慣習や社会的規範を批判する、あるいは変質を要求する際の立場（価値基準）はどこからやってくるのだろうか。先ほど引用した辞書の定義によれば、そのような批判や変質を導くのは人間の自覚だとある。慣習や社会的規範は自然に変質するものではなく、人間が主体的に変えていくものなのである。その変えていく思考や行動をモラルというのだ。

このように考えると、モラル（道徳）の授業は、ある社会的規範とされているものを教え込むことではない。ある社会的規範や絶対的価値とされているものの妥当性を、時代性や地域性などの観点から検討したり、身近な状況を省察することを通して、それに対する自らの考え方（「精神的規範や基準」）を探究する場が道徳の授業ということになる。このことは、前節に紹介した新学習指導要領に書かれていたことと同質であると言えるだろう。では、それを実現させる方法はどのようなものであろうか。それを知るために「モラリズム」というフランスの哲学について検討してみる。

### ③ モラリストとは生身の人間を愛する人のことである

フランスの哲学及び文学の流派に「モラリズム」というものがある。モラリズムの祖は一六世紀に生きたミシェル・ド・モンテーニュであるとされている。モンテーニュの教えを受けた（彼の『エセー』を読んだ）ブレーズ・パスカルやラ・ロシュフコー、ラ・ブリュイエールらの「フランス・モラリスト」たちは、かつてソクラテスが問答法として実践していた教育である「無知の自覚を促し、理性を覚醒させ、人間を自己認識へと導く」ことを、文学や哲学の次元で成し遂げようと試みた。その方法は、読者たちに教理や規範を直接説くのではなく、現実の人間生活や人間心理を丹念に描くことによって、あるべき人間の姿や行動、考え方を見つけさせようとするものであった。モラリストとは、社会の習俗や人間の心理のうちに機能している隠れたメカニズムを冷徹な目で分析し、それを文章という万人の目に見える形で描出し、それによって読者に人間について考えさせる者のことであった。

この系譜は一九世紀以降もスタンダール、アンドレ・ジッド、アルベール・カミュらに引き継がれ、フランス文学の大きな支柱となっている。そのため、フランス文学には神話がない。人間の実相に注目するフランス文学は、神話を必要としていない。フランス文学はどの頁も生身の人間を表出している。いかなる動機、いかなる情念が人間を動かすか。魂の奥所には何が隠れているか。それらの追究に神話は必要なく、形而上学的思弁や種々の掟も幻影にすぎない。

モラリストとは、「人間いかに生きるべきかの問題を探究し、その問題に思いをひそめる人々」のことであり、モラリストが重視するのは「人間の生活を丹念に観察し、描写すること」。このことは、新学習指導要領に記された以下の箇所に該当すると言えるだろう。

「人間尊重の精神にかなうものであって、悩みや葛藤等の心の揺れ、人間関係の理解等の課題も含め、生徒が深く考えることができ、人間としてよりよく生きる喜びや勇気を与えられるものであること」。

ここは道徳科における教材に関する留意事項が書いてある箇所である。新しい道徳教育では、「人間が悩み葛藤するような姿に触れながら、人間どう生きていくべきなのか」を考えることが重視されている。世の中には、様々な苦しみや悲しみがある。その苦悩や葛藤を知ることが、新しい道徳教育の一つの大きな目的となっているのである。このことを確認しておきたい。

そして次に、新学習指導要領に書かれていた道徳科授業の方法である「多様な見方や考え方」をし、「多面的、多角的に考え」る授業のやり方について検討する。そのために、まずフランスの哲学者ルソーを取り上げる。

## ④ルソーが考える「一般意志」は、多面的・多角的に考える授業の目標になり得るのか

ジャン＝ジャック・ルソーは、一人ひとりの個人がもっている考えを「個人意志」と呼んだ。一人ひとりは自分の利益を求め、自分がやりたいことを主張する。しかし、共同体（社会）の全ての個人が自分の利益や欲望を求めて行動を起こせば、秩序は破壊され、共同体は成立しなくなる。その場合、各個人は自分の利益や希望を実現させるため、他の人間に協力を求めるだろう。例えば、同じような望みをもつ集団を形成し、複数の個人が固まりとなり、あるいは代表する者によって自分たちの希望が認められるように団交し、圧力をかけるだろう。このように個人意志が集積されたものを「全体意志」とルソーは呼んだ。

しかし、この「全体」は共同体全体を意味するわけではない。おそらく、共同体の中には、先ほどの集団とは異なる希望をもつ集団も存在する。そして、彼らもまた、同じように団交し、相手に圧力をかけるだろう。このような場合に、暴力で意見（全体意志）を通すことを忌避する方法が多数決である。このような見解をもって、ルソーを「民主社会の祖」と位置づけるのだろうが、ルソーは多数決で評決するような制度を手放しで肯定していたわけではない。ルソーは、議論することに重きを置いていた。

だが、ルソーが言っている議論とは、評決の前に、お互いが意見の理由を主張したり、相手の意見理由に反駁したりするようなことではない。そのような議論は、論破した側が自分たちの意見（全体意志）を押し通したにすぎない。また、論破できず評決することになった場合は、人数が多数である側が自分たちの意見

（全体意志）を通したにすぎない。それらは、本当の意味での共同体全体の意志ではない。では、共同体全体の意志はどうやって作られるのだろうか。

ルソーは「一般意志」という概念を提示した。一般意志とは、共同体がもっている「共通の自我」。一般意志は共同体全体の意志であって、誰か一人の意志ではない。同時に個人意志の総和でもない。それぞれの個人意志が「均《なら》されたもの」が「一般意志」であるとルソーは言う。では、どうやって均すのか。

ルソーは「人民会議」という場所で一般意志が作られると説いた。人民会議とは為政者だけが集うような特殊な会議体を指すのではなく、共同体の成員の自由な集まりのことである。ルソーが想定した「人民集会」は小規模で、知的な人間だけが集まる場所であった。

当時、フランスやイギリスにはコーヒー・ハウスやカフェがあり、そこは人々が語らう社交場であった。そこでは貴族や知識人が様々なテーマについて議論を交わしており、それが世論を作り、また近代市民社会を作った。そこに参集する人々は、徒党を組んで自分たちの利益になる要望をごり押ししたりはしなかった。経済的に余裕があり、しかるべき権威も持ち合わせており、議論した後に自分の希望が通らず、また自分の意見を変えざるをえないことを厭《いと》わなかった。合理を第一に考え、争いを避けるための「落としどころ」も心得ていた。これが「個人意志」を均して生まれる一般意志である。

現代の話にたとえて言うと、広大な敷地と資産を持つ富豪が亡くなった場合、その子息は相続に関する高額な税金を支払いたくはないだろう。しかし、資産を持たない者たちは、「当人の努力ならともかく、当人の親や先祖が稼いで積み上げた財産で裕福な暮らしをするのはおかしい」と言うだろう。そこで「では引き継ぐ財産の半分を相続税として社会に還元する」という話し合いの結論が出れば、それが一般意志である。均された一般意志は、どちらの個人意志とも少なからず異なる。個人意志が変質することによって、社会や、人と人の関係はうまくいくとルソーは言うのである。

現代の日本は民主主義社会であり、国会をはじめ、各要所では多数決によって評決している。そうしなければ、何も決められない。個人意志の衝突を避けるためには、多数決はやむを得ない。そういう合意があってのことであろう。ルソーは個人意志が均されて一般意志になることを望んだが、一億二千万人の社会では「ミニ人民会議」は有り得ない。だとすると、要所で多数決をとるのは致し方ない、あるいは当然なのだろうか。

多数決は多数側の意見（全体意志）が認められ、少数派の意見が省みられないやり方である。決して、理想的なものではない。仮に、少数であっても何らかの切実な事情を抱えている場合があり得る。それに少しでも光が当たるやり方（一般意志）はないのだろうか。

おそらく、会社や家庭や、身近な人数が少ないところでは「ミニ人民会議」が成立し、両者の意向を反映させた「落としどころ」が見つけられているのではないだろうか。その「ミニ人民会議」を広げることによって、少数者に配慮した社会が実現するのではないだろうか。

## ⑤ 道徳科の授業は他者が置かれている状況や意見を知ることから始まる

ルソーが亡くなった後、産業化がますます進み、都市には人が溢れ、新しいブルジョアジー（豊かになった中産階級）が続々と誕生し、人民会議の場は、カフェなどの社交場から、新聞や雑誌などのメディアに変わっていった。現在では新聞や雑誌に加えて、テレビやインターネットが、ジャーナリストが伝える状況や、アナリストが分析した結果や、専門家が寄せたコメントを読む（見る）場所になり、それに基づいて議論が行われる場所にもなっている。

しかし、メディアが大きくなればなるほど、「落としどころ」は様々な意見がぶつかりながら導き出されるのではなく、有力なコメンテーターの意見がそれに代替されるようになる。そうだとすると、その「落としどころ」は一般意志ではない。一般意志を追求しない社会は多数決で評決せざるを得ない。

一般意志によって民意が均されないとすると、何かを決める時は多数決を採るしかない。しかし、多数決であれば、いつも勝つのは多数であり、少数派の個人意志はいつも考慮されず、結果的には無視されることになる。それで良いのだろうか。国家や地域社会という共同体において、そういう決め方をせざるを得ない場合があるかもしれない。しかし、個々人が少数者を省みない社会であっても良いのだろうか。

不当に無視されている人、忘れられている人、広く気づかれない苦悩を抱えた人の生活状況やニーズに気づき、それを広く知らせ、支援する。われわれの社会はそういう社会になっているだろうか。もしなっていないのなら、どうすれば良いのだろうか。

例えば、一般意志を錬成する訓練になるような、簡単に結論が出ない案件は世の中にたくさん存在する。臓器移植や妊娠中絶、環境問題、エネルギー問題などがそうだ。そのような賛否が分かれるテーマについて、各児童・生徒が意見とその理由を述べる。そして、他の児童・生徒の意見と理由を聞き、自分の意見を変えたり、自分の意見の理由を増やしたりする。あるいは、他の児童・生徒や先生の問いかけによって、異なった意見の理由を考えたり、自分の意見の理由を疑い、自分の意見を変えたり、自分の意見の理由を増やしたりする。自分の意見が同じで、その理由が変わったり、増えたりするのは、一見すると変わっていないようだが、他の生徒や先生の話を聞く前とは異なっている。自分の意見を変えること自体が重要なのだ。ルソーも「一般意志は、元々の個人意志と同じではならない」と言っている。

新聞やテレビ、インターネットなどのマスメディアは、現代的な人民会議の場ではなく、他者が置かれた状況や意見を知るための場所なのである。メディアがもたらす他者の状況や考えを教材に選び、それらについて知り、共感し、時に反感を持つ。そして、それについて周りの生徒や先生の考えを聞き、自分の意見を変えていく。あるいは意見が変わらなくても、その意見の根拠を変えていく。そのような授業をするのが新しい道徳科なのである。

## ⑥ 社会派的モラリストは、社会のあり方を批判し、為政者を批判する

先ほどのフランスの話（モラリストの系譜）に戻ろう。モラリストを批判的・発展的に吸収した近代フランスは、先ほど述べたような考えが社会に広く共有され、中学校と高等学校の授業で、すでに実践されているのだ。その話をするために、フランス文学のもう一つの支柱である社会的文学を取り上げる。

モラリストの文学は、社会的文学を志向する学派には、人間の内面に執着しすぎているように思われた。内的・心理的・倫理的人間の講究よりも、外的な世界に多くの関心を持ち、心理探究を捨てて社会組織に注

目し、人間の外的条件つまり社会制度を改革するのが文学や哲学の役割であると彼・彼女らは考えた。その根底にあるのは時間と空間（時代と場所）とにおける人間の多様性の観念である。これによって、歴史の評価、風俗習慣、既成の法律や社会規範が相対化され、疑うべき・批判するべき対象として浮上する。

ヴィクトル・ユゴーやエミール・ゾラと並んでジャン＝ポール・サルトルも人間の解放を訴えて社会的な参画を実践した。しかし、サルトルの実存主義は、モラリストたちと同じように、人間がいかに生きていくべきかを訴求したものであった。彼のアンガージュマン（参画）は既存の社会規範等へ向けられた批判であるが、その根本は人間の多様性の認知を要求したものであり、また個人的なモラルを追究する自由を求めたものであった。

神話や、伝統に根付く強固な規範の類を持たないフランス人にとって、個人的な道徳的判断を下すための努力は必定なのである。そのことが王を殺害し、人権宣言を行った背景に存在するとも言えるだろう。このように考えれば、フランスで行われている道徳教育の目的の射程には、社会改善としての社会批判が内包されることとなる。このことは、先ほど述べた、社会現実について知ることから生まれる懐疑の瞬間が、その源となるはずである。

現代の社会において、生命倫理や地球環境破壊などの問題は避けて通ることができない。生命維持装置の進歩によって脳死や植物状態でも生き続けることが可能になったことや、人工授精や精子バンク、代理母などによる妊娠・出産や、胎児期に遺伝子や染色体を検査し中絶することは良いことなのだろうか。

環境倫理についても、環境という有限な富を誰にどのように分配するのかという「配分の正義」の問題が生じる。地球の北側の人々が資源やエネルギーの多くを使っていることや、現代に生きている人々が地球上の資源を使い、後世の人々に廃棄物など負の遺産を残すこと、自然の環境を人類が利用し尽くし、動植物にその生存の場を残そうとしていないことなど。これらの問題を考える時に、安易に出てくる答え（それを安易に出そうとする者）を懐疑することから、社会問題への向き合いが始まるのではないか。

判断材料を集め（社会的な状況や、人々の思いを詳しく知り）、判断を下す前に検討し（他の人々と議論し）、いったんの回答を構築する。その過程で、誤った判断をしていたり、するべきことをしていない者を批判する目も養われなければならない。このような知的・認識的側面（人間的・民主的・科学的・合理的な認識）に道徳教育は支えられていなければならない。

## 3　「多様な見方や考え方」「多面的、多角的に考える」授業はどのように行うのか

### ① サンデル教授の『白熱教室』は道徳授業のヒントになるのか

簡単に答えが出ない社会的な問題を取り上げ、そこで苦悩する人々の姿を知りながら、多面的・多角的に考える。そのような授業はどのように行われれば良いのだろうか。

読者の中には、数年前に流行ったマイケル・サンデルの『ハーバード白熱教室』（ＮＨＫ）の授業を思い出した方もいらっしゃるのではないだろうか。例えば「三人の命を救うために、一人の命を犠牲にすること

は正しいことか」などのテーマをハーバード大学の学生と、サンデル教授が議論する授業を収めた番組である。放映後に好評を博し、その後、サンデル教授が東京大学やＮＨＫのスタジオで同じような授業をする番組も作られた。

サンデル教授は、授業の中で簡単に答えを出したりはしない。むしろ、あるテーマについて自分の意見を述べている学生に対して、その意見の理由や、理由の背景にある考え方（思想や信条）を問い、それに疑義を唱えた。サンデル教授は学生たちに自分の考えや、その考えの根拠となっている理由を自覚させ、そしてそれを疑わせ、その後にそれらを見直すことを求めていた。

例えば「安楽死」の問題を例にとれば、もし学生が「本人が望むなら、安楽死はさせるべきだと思う」と答えれば、おそらくサンデル教授は、「望むなら、殺して良いのか」と問うに違いない。そして、このように畳みかけてくるだろう。

「また、『殺してくれ』という意思表明ができないような患者については、安楽死を認めないのか。だとすれば、あなたの意見は、安楽死や人間の死に方について、しっかりと考えたものではありませんね。ただ、『死にたい』と言っている人間の意見に従ったにすぎません。そんな人は、『お願いだから、あの人を殺して』という意見にも従ってしまうのではないですか。あなたのような人が、戦場で人を殺す人間なのかもしれませんよ」と。

サンデル教授は、もちろん、意地悪でこう切り返しているわけではない。彼は哲学者であるが、その中でも「コミュニタリアン」と呼ばれる立場をとっている人物である。コミュニタリアンとは、様々な問題の答えは、コミュニティ、つまり社会の中に存在すると考える。先ほど論じた「自殺幇助（自殺の手助けをしても良いのかどうか）」のように解決が難しい問題であっても、その答えはコミュニティの中にある、とマイケル・サンデルは主張する。コミュニティに所属する大勢の人々が議論し、それを通して出てくる答えを「共通の善」とサンデルは言う。「共通の善」に至るため、あるいは至るような能力を育てるために、サンデルは、学生に問うているのである。ここで、もう少しサンデルが依って立つコミュニタリズムについて説明しよう。

## ② コミュニタリズム、リベラリズム、リバタリアニズム、それぞれはどう違うのか

コミュニタリアンは、簡単に言えば、「何がコミュニティ（社会）にとって善いことか」を重視しながらものを考える。「社会にとって善きこと」を探すのは、無条件に良いことと思われるかもしれないが、実は、われわれはあまりそのようには考えていない。もっと「個人の権利」や「個人の自由」を重視しながら生きていることが多いはずだ。そのような立場は、リベラリズムと呼ばれる。

リベラリズムを大切にするリベラリストたちは、コミュニタリアンと同じように、「より良い社会」を望んでいるが、彼らは強制や不寛容を嫌う。強制や不寛容は個人の権利や自由を侵すと考えるからである。仮に、個人の「選択の自由」や「公平さ」を重視しながら「より良い社会」が実現できそうな有力な手段があったとしても、それを誰かが強制するのであれば、リベラリストはそれに対して批判をする。リベラリストは言論の自由が保障されている社会において、あらゆる人々が自らの意思を発言する権利は守られていると考え、それを侵す権限は誰にもないと信じている。しかしそうなると、同時に、反対意見や少数派の権利や

自由を認めざるを得なくなる。そうなると、何かを決めることが難しくなってくる。そうならないため、個々人の責任や市場の原理に決定権を求める人達をリバタリアンと呼ぶ。

リベラリズムとリバタリアニズムは、共に個人の権利や人間の自由に基調を置いているが、国家や社会のあるべき姿という点では真逆の立場をとる。リベラリストはすべての人間には権利や自由があると考えているため、個々人の間に大きな格差があることは良くないと考え、富める人から貧しい人への利益の再配分に賛成する。儲けて利益を上げている人から高く税金をとり、収入が少ない人々に還元する。それを実行するのが国や政治の役割だと考えている。こういう考え方を「福祉国家観」と呼ぶこともある。

一方、リバタリアニズムは、国家は最小限であるべきだと考え、規制緩和や民営化を重視する。儲けた人が高額な税金を払う仕組みである税制（累進課税）に批判的であるため、富める人と貧しい人との格差は広がっていく。また、公的資金による支援（税金による分配）が目減りするため、福祉は減退してしまう。一九八〇年代以降、アメリカやイギリスなどの先進国ではリバタリアニズムが優勢だったが、二〇〇八年のリーマンショック以降、この考え方を否定する人が増えてきている。ここで現れたのが、コミュニタリアンである。

コミュニタリアンは、コミュニティの中には「共通の善」があると説き、議論によってそれを決定し、成員全員が共有することを求める。たとえば、企業が国内の工場を閉鎖し、海外に工場を建設しようとしているとする。その場合には、国内の労働者の利益を重視して、海外への工場移転を批判する立場と、グローバル社会の中で企業が生き延びるための方策として、工場の海外移転を支持する立場が対立することになる。

なかなか難しい問題であるが、コミュニタリアンは答え（「共通の善」）を求めて、以下のように様々な視点から議論をする。

「国内に工場をもつ企業の税制を優遇し、海外に工場をもつ企業に特別な課税をかけよう。それによって、地域社会が守られるのだ」、あるいは「今後、少子化が進むことにより、国内の労働力は減少する。それを考えると、企業が海外に工場を移転することは仕方がない。会社が潰れてしまえば、より多くの失業者が出てしまう」、または「仮に工場で働く人の給料を下げて、工場の海外移転を食い止めた場合、労働者の不満は募るだろう。しかし、国内の労働者の給与水準と海外の労働者の給与水準が近づくことは、海外の人々からみれば悪いことではない。もし、同じ労働に対する給料に差がなくなれば、それは世界全体が平等化していることになる」など。

このように異なった視点をもちながら議論し、その過程で個人の利益ではなく公共の利益を意識し、コミュニティの中に共有されるべき善を見つけていく。そして、それに基づいた具体的な解決策を見出していこうというのが、コミュニタリアニズムの考え方である。

### ③ コミュニタリズム、リベラリズム、リバタリアニズムのうち、どれを選ぶのか

ここまでの話を整理すると、コミュニタリアンが議論をする際に留意するのは、個人の権利よりも公共の利益である。公の利益よりも個々の権利や自由を優先させては、「共通の善」は成立しない。共通の善は、誰か一人にとっての善であってはならないのだ。しかし、コミュニタリアンは、決して、個人の権利や自由

を否定しているわけではない。すべての個人はコミュニティ（共同体）の中に存在するものであり、個人の権利や自由を保障するのは共同体なのだから、共同体を超えて個人を優先することは論理的には矛盾するとコミュニタリアンは考えているのだ。

また、もし「共通の善」がなければ、社会はバラバラになる恐れがあり、そのようなところには、もっと短い手順で（議論がなく）、高圧的に、独裁的に価値観が強制されると主張する。それは過去の歴史を紐解《ひも》くと、納得できることでもある。

古くは日本でも、文明開化や大正デモクラシーの時代において、「民主主義」や「個人の権利」という言説が幅をきかせていた。しかし、そのような時には、必ず「風俗紊乱《ふうぞくびんらん》（性的描写が過激な文芸作品が増え、人々の倫理観がおかしくなっている）」や「若者の退廃（大学生が勉強しない、性的に乱れた生活を送っている）」などという反動的な記事が新聞や雑誌に踊った。昭和や平成の時代でも同様に、「今どきの若者は身勝手だ。自分の思うようにならないと、すぐキレる」、「会社を良くしようという気がないから、自分勝手な理由で会社を休む」などとマスメディアや国会の場でも語られる。

だとすれば、コミュニタリアンが言うように、政治家や知識人が価値観（道徳）を強制する余地を与えないように、事前に人々が話し合って、みんなが共有できる価値観（共通の善）を決めておいた方が良いのだろうか。

このような考えは、一見すると「正しい」、あるいは正しいとは言わないまでも、「致し方ない」と思えるかもしれないが、よく考えてみると、おかしな考えに思えてくる。なぜなら、自分たちは望んでいないのに、誰かに強制されないために、前もって共有するべき価値観を決めておくという考え方は本末が転倒しているのではないだろうか。それよりも、強制する人間を批判するのが筋ではないだろうか。

社会、あるいは国家が人々の価値観や生き方を決めることには、リベラリストと同様にコミュニタリアンも否定的である。人々が、強制力の働かない場所で、自由に、多様な視点から議論をし、それによって導き出る答えだからこそ、コミュニティの成員にとって「共通の善」になるのだ。コミュニタリアンも、そのような大前提は、よくわかっているはずである。よくわかった上で、答え（「共通の善」）を出すことにこだわるあまり、論理矛盾を冒しているのではないか。

コミュニタリアンは、なぜそれほど答えを出すことにこだわるのだろうか。逆に言うと、なぜ、それほど答えが出ないことを恐れるのだろうか。落ち着いて読み直してみると、コミュニタリアンは、現実にあわないことを言っている。コミュニタリアンは、個人が個人のために生きていくには、居場所の保障（共同体の成立）や、社会への貢献、社会からの認証が必要であると言うが、本当にそうだろうか。

「自分の居場所は保障されている方が良い」、「社会へ貢献した方が良い」、「社会から承認された方が良い」。そう考える人は多数かもしれない。でも、そう考えない人がいてはいけないのだろうか。コミュニタリアンは価値観の強制を拒絶しているが、「共通の善」を導き出すことに固辞するなら、それも非寛容ではないのか。精力を傾けるべきは、強制する者を批判し、人々が議論をして考える権利を確保することではないだろうか。

## ④ 他者の置かれた状況を知り、価値観を強制する人間を批判する

先ほど、コミュニタリアンは二つの意見（思想）が対立したときに、見方を変えながら答えを集約すると述べたが、時代や場所が異なれば価値観（「共通の善」）は異なる。それは長い歴史からも、現代の世界のあり様からも明らかである。ならば、話し合いの目的は答え（「共通の善」）を出すことではなく、その過程で他者の意見や、少数派が置かれた状況を知ることではないか。そして、話し合わずに答えを強要する者がいれば、それは批判されるべきであろう。言い換えれば、われわれが腐心するべきは、議論をする習慣や、議論をする能力、高圧的に強制する人間を批判する精神の育成ではないだろうか。

もしそうだとすれば、どうやってそれらを養えば良いのだろうか。ここで話を整理したいと思う。

読者の方の中には、道徳教育とは、それが授業であるなら尚更、新しい知識を身につけたり、新しい技能を獲得したりしなくてはならないと思われる方もいらっしゃると思う。また、道徳という名前が付いているのであれば、その授業で学ぶ知識は、ある場面で自分はどのように考えるべきかの答えであり、そこで養う技能は、実際の行動の仕方であるとおっしゃる方もいると思う。しかし、今までの話は、そういう話の対局にあるものだ。

新しい道徳の授業では、答え（どのように考えるべきか・行動するべきか）は求めない。「自分とは異なった考えをもつ人の理由を聞く」、あるいは「複数の立場に立ってみる」ことによって、自分がもっている考えを見つめ直し、必要があればそれを変える。もし、そのプロセスを認めず、答えを強制する者がいれば、それを批判し、考えることの権利と、その崇高さを守るのだ。そのような人間が、新しい道徳教育から育っ

てくるのである。
次の章からは具体的な教材と、それを使った授業のやり方について、いくつかの研究を紹介する。

**参考文献**

東浩紀『一般意志二・〇――ルソー、フロイト、グーグル』(講談社、二〇一一)
大塚幸男『フランスのモラリストたち』(白水社、一九六七)
加藤尚武『応用倫理学事典』(丸善、二〇〇八)
マイケル・サンデル『公共哲学―政治における道徳を考える』(鬼澤忍訳、筑摩書房、二〇一一)
マイケル・サンデル『リベラリズムと正義の限界』(菊池理夫訳、勁草書房、二〇〇九)
マイケル・サンデル『これからの「正義」の話をしよう：いまを生き延びるための哲学』(鬼澤忍訳、早川書房、二〇一〇)
マイケル・サンデル『それをお金で買いますか―市場主義の限界』(鬼澤忍訳、早川書房、二〇一二)
フォルテュナ・ストロウスキー『フランスの智慧』(森有正ら訳、岩波書店、一九五一)
竹田篤司『モラリスト――生き続ける人間学』(中公新書、一九七八)
中央教育審議会『道徳に係る教育課程の改善等について』(答申)(二〇一四)
柘植尚則『イギリスのモラリストたち』(研究社、二〇〇九)
ランドルフ・ネッセ「進化と神経科学は道徳的能力の理解にいかに役立つか？」『モーラルブレイン：脳科学と進化科学の出会いが拓く道徳脳研究』J.フェアプレッツェら編(麗澤大学出版会、二〇一三)所収
ルシアン・アナトール・プレヴォ・パラドル『フランス・モラリスト研究』(関根秀雄訳、育生社、一九四八)
『モンテーニュ全集』(関根秀雄訳、白水社、新装版一九八三)
文部科学省『小学校学習指導要領』(二〇一五)

文部科学省『小学校学習指導要領解説 総則編』（二〇一五）
文部科学省『小学校学習指導要領解説　特別の教科　道徳編』（二〇一五）
文部科学省『中学校学習指導要領』（二〇一五）
文部科学省『中学校学習指導要領解説 総則編』（二〇一五）
文部科学省『中学校学習指導要領解説　特別の教科　道徳編』（二〇一五）
『パスカル全集』（伊吹武彦ら訳、人文書院、一九五九）
ジャン＝ジャック・ルソー『社会契約論』（桑原武夫訳、岩波文庫、一九五四）
ジョン・ロールズ『正義論』（川本隆史ら訳、紀伊國屋書店、二〇一〇）
『ラ・ロシュフコー箴言集』（二宮フサ訳、岩波書店、一九八九）
『新和英大辞典』（研究社、二〇〇三）
『ランダムハウス英和大辞典』（小学館、一九九四）
『羅和辞典』（研究社、一九七七）
『日本国語大辞典』（小学館、二〇〇一）

# 第2章　他者とのかかわりについて考える授業

## ――「はしの上のおおかみ」を読み直す――

## 1　教材について──小学校読み物資料を中学校で読み直す

### ◇教材文　「はしの　上の　おおかみ」（奈街三郎、一九六一より）

山の　中です。

たにがわの　上に、　一ぽんばしがありました。ながいけれど、せまいはしです。ひとりしか　わたれません。

ある　あさの　ことでした。

あさひを　きらきら　うけて、うさぎが　はしを　わたりかけました。まぶしいから、下を、みいみい、まんなかまで　きました。けれど、そこで、びっくり、足を　とめました。むこうから　おおかみがわたって　きたのです。

「こら　こら！」

と、おおかみは　うさぎを　にらみつけました。

「もどれ、もどれ。おれがさきにわたるんだ。」

おおかみがこわいかおで、どなりました。うさぎはびっくりして、すごすごとあとへもどっていきました。

「えへん、えへん。」

おおかみは、このいじわるがとてもおもしろくなりました。

「えへん、へん。」
おおかみは　だいとくい、いばって　一ぽんばしを　わたりました。
それからと　いうもの、おおかみは　この　いじわるが、とても、おもしろく　なりました。まいにち、ようも　ないのに、はしの上で　まって　いました。
（以下、略）

〈教材文のあらすじ〉
オオカミはある朝、谷川の上にある長くて狭い一本橋の真ん中でウサギと出会う。オオカミは、ウサギを追い返し、威張って橋を渡ったことが面白くなり、その後は用もないのに、キツネやタヌキを追い返すようになった。ところが、ある日の夕方に大きなクマと出会ったオオカミは、慌てて自分が戻ろうとする。しかし、クマは、オオカミを抱き上げて後ろへ渡らせてくれた。オオカミはクマのやさしさに触れ、その後はウサギに対しても、クマの真似をして抱き上げて後ろへ渡してあげるようになった。

### ◇小学校読み物資料を中学生が読み直すこと

本章では、主として中学校1年生を対象とした道徳の授業について提案する。この授業は、小学校低学年で「思いやり・親切」を学ぶための資料として広く読まれている奈街三郎の「はしの上のおおかみ」を読み直す試みである。「やさしさ」や「思いやり」とは何かを改めて問い直す活動などを通じて、自らが考え続けるという探究活動を実践するようになるという生徒たちの行動変容を授業の目的としたい。

これまでも広く用いられてきた「読み物資料」をあえて活用する意図は二つある。

一つは、教師自身が道徳的価値を念頭に置きながら、資料を読もうとするのではなく、多様な読み方を考えつつ、「やさしさ」や「思いやり」と言葉の意味を吟味するという教材研究の重要性を強調したいからである。

もう一つは、子どもたち自身が「読み物資料」を批判的に読むことで、考えなければならない「問い」に気づくことをねらいとするからである。

本章で用いる教材文は、奈街三郎の「はしの上のおおかみ」である。小学校の先生方にとっては、馴染みのある作品だろう。この作品は『わたしたちの道徳』(文部科学省、二〇一四)に読み物資料として掲載されているだけでなく、多くの副読本に掲載されている小学校低学年の定番資料といえるだろう。

### ◇「はしの上のおおかみ」の理想的な世界

小学校低学年の道徳の授業では、このお話を手がかりに「クマさんのように、小さい子にはやさしくしましょう」と、自己中心的な子どもたちが改心することを期待しながら、「やさしさ」や「思いやり」という教訓を教えてきたのではないだろうか。しかし、この授業では中学校一年生を対象にしたいと考える。彼らが教材文を読んだとき、現実離れした「きれいごとの世界」にすぎないと感じてしまい、素直に共感してくれないのではないかと心配される方もいるだろう。しかし、それがこの授業のねらいの一つであるから、それで構わないのである。

この作品の著者である奈街三郎は、「今の世にありえないようなことでも、ほんとうは、こうあるのが正しく、美しいと感じたことは、それを童話のふしぎな世界にしたくて、私はつい、むちゅうになってしまいます。それが、ほんとうにりっぱな世界でしたら、きっとみなさんを勇気づける事にちがいないと、私はいつも信じています」（奈街三郎、一九五三、二六九頁）と述べている。

奈街が童話の創作において重視したのは、理想的な世界を子どもたちに示すことであった。それゆえに、子どもたちが教材文を読んで、現実離れした「理想的な世界」だと感じるとすれば、それは著者自身の創作背景にある思想と関連しているといえる。

以下では、拙論「中学校の道徳教育における教材研究と指導方法に関する一考察――小学校読み物資料を中学校で読み直すための試案――」（柴山、二〇一四）の教材研究及び指導方法の検討と、これを基に実施した中学一年生を対象に行った実験授業の成果と課題を踏まえて、論じてみることにしたい。

## 2　授業の基本方針――現実の社会と向き合い、他者とのかかわりを考える

道徳の授業とはどんな授業だろうか。一例を挙げてみると、まずテーマに関する自分の経験等を発表し、テーマに関連した資料を読み、教師によるいくつかの発問でその内容とポイントを確認しながら、徳目に沿った結論を理解し、最後に自己点検を行う。ここで用いられる「読み物資料」は多様な解釈ができる。にも

かかわらず、決まった結論に向かって展開されていることが多いため、その流れに付き合うだけで、それ以上に考えることなく、終わってしまう。

しかし、現実には、多くの矛盾が存在するため、簡単には答えを出すことのできないものばかりである。中学生にもなれば、差別や格差などの社会の矛盾について言葉で語ることはできなくとも、それらのことについては何となく気が付いているのではないだろうか。そうであるならば、道徳の授業は、教師が徳目に沿った正解らしきものへと導くことによって、現実の社会を覆い隠す営みにすぎないことになる。ここで考えるべき問題は、どのような授業を展開すれば、それらの現実と向き合い、自分と他者のかかわりを考えていくことにつながるのかという点である。

そのためには、「読み物資料」の内容を立ち止まって吟味することや、多様な視点から解釈すること、関連事項を調べることなどをしながら、自分と他者のかかわりについて問い続ける授業を考える必要がある。

授業に際しては、子どもの発達段階を踏まえて、次の点に考慮した。思春期になると、自分と他者や社会との埋めがたい距離を感じ、疑問を感じることが出てくる。実験授業においても、「本当にそれが優しいのかとか考えちゃうっていうのが大人に近づいている証拠になるのかなと思いました」と感想を述べている生徒もいた。

そこで、子どもたちを自分の世界に閉じ込めてしまうのではなく、自分と他者や社会のかかわりを探究していく必要がある。従来のように、「やさしさ」や「思いやり」の大切さをスローガンのように強調して、無理やり接着させようとするのは、「きれいごとの世界」と受け止めるだけで、むしろ逆効果であろう。そうではなく、それらを相対化しながら、他者とのかかわりを考えることの難しさを改めて実感していくことが必要だと考える。

また、「やさしさ」を問うという試みは、生徒たちにとって身近な問題について考えることでもある。なぜならば、友だち同士の関係において、お互いに傷つけないようにする「優しい関係」が生み出す過度な同調という人間関係のあり方を問うことになるからである（土井隆義、二〇〇八、森真一、二〇〇八）。

しかし、ここで留意すべき点は、問い直すことで、子どもの気持ちを変化させたり、改心させたりすることではない。この授業で期待されるのは、「道徳」について自明のことだと思ってきたことを改めて問い直し、辞書や書物、インターネットなどで調べたり、疑問を持って考えたり、想像力を働かせたりしながら、問い続ける営みであることに気づくことにある。つまり、冒頭でも述べたように、この授業は、生徒たちが考え続けるという行動変容を目指したものである。

## 3　授業の進展段階――教材を相対化するしかけと多角的な議論に向けて

それでは、どのような授業の展開が考えられるのだろうか。この教材文そのものが共感しやすい物語で、特定の価値判断へと導きやすい内容である。したがって、中学生が距離を置いて読むためのしかけが必要となる。また、日常何気なく使っている「やさしさ」や「思いやり」という言葉についても、自分にとっての意味と社会における意味を考えるしかけも必要となる。

それでは、問い直しをするために、どのような状況を作り出したらよいのだろうか。以下では、問い直すための状況づくりを行い、他者とのかかわりにおける問題場面を確認しながら検討していく授業展開を提案する。

まず、「やさしさ」や「思いやり」を発揮しようとする者への批判的なまなざしについて、検討していく。次に、他者の立場に立って考えることの意味とその難しさについて議論していく。

これらの段階を経て終わりにすることもできるが、さらに次の課題に取り組んでいきたい。それは、私たちの生きる社会が「やさしさ」や「思いやり」では解決できない問題が多くあることに気づくことである。親しい友だち同士の関係ならば、価値観を共有しながら、「やさしさ」や「思いやり」を発揮しやすい。その一方で、価値観の異なる人や見知らぬ人に対して、それを発揮することは難しい。とくに、自分と正反対の価値観を持つ人に発揮することは難しいだろう。つまり、「やさしさ」や「思いやり」は共感できる相手に発揮しやすい一方で、差別や不公平さを生む危険性もある。

このような点を踏まえて、この授業では、この問題について多角的に議論していくことにしたい。そのため、自分と他者や社会との関係性において、上下関係が生まれてしまうことをどう解決していくのかという、公平や公正という正義に関する問題にも関連させて考えていくことにする。

以上のように、この授業の目標は、どうすれば人間は支え合って生きることができるのか、簡単には答えが出ない問題やより深く考えていかなければならない課題に直面していることを生徒自身が気づき、その課題を深めていくことにある。そこでこの授業では、一つの提案として、次のような段階を考えてみた。

第1段階　教材文と『わたしたちの道徳』の教材を読み比べる
第2段階　「やさしさ」や「思いやり」の意味内容を検討する
第3段階　相手の立場を想像しながら話し合う
第4段階　オオカミの行為が「偽善」であるのかを話し合う
第5段階　社会の問題に目を向けて、どのような課題があるかを発表する

以下では、各段階について詳細に述べていくことにしたい。

**◇第1段階　教材文と『わたしたちの道徳』の教材を読み比べる**

第1段階では、奈街三郎の「はしの上のおおかみ」を読みながら、疑問に感じる点を探すことにしたい。この段階では、教材文を読んで共感するという従来の構えから、教材文のおかしな点を探しながら相対化することで、子ども自身がじっくり考えるという構えを作っていくことに力点を置いている。

しかし、「疑問に感じた点を挙げてみよう」と問われても、それをあげることは難しい。そこで、考えられるための手がかりとして、次の二点を用意してみたい。

一つは、教材を相対化するために、クマがオオカミを渡す場面を劇化してみることである。なぜならば、劇化させることで、教材文の不自然な点に気づかせ、教科書のおかしい記述を探させるなど、生徒たちにと

って絶対的なものである教科書を相対化させることができると考えるからである（柴山、二〇一三）。

小学校低学年においても、クマに運んでもらったオオカミの気持ちを考えるために、劇化の試みは行われている。大きなクマが自分より小さなオオカミを持ち上げるという設定のため、教師がクマ役となり、児童がオオカミ役となって、実際に抱き上げることもある。もちろん、生徒同士で実際に劇化することもできるが、からだの大小などの力関係によって役割が決まる危険性もあるため、今回はパペットを用いる形で劇化することにした。実験授業においては、ウサギが落ちる危険を伴う狭い一本橋の上で、意地悪されたオオカミに抱え上げられるという場面をとり上げて考えることにした。

もう一つは、『わたしたちの道徳』の「はしの上のおおかみ」と原作を読み比べながら、『わたしたちの道徳』で削除された項目について検討することである。

たとえば、一本橋を渡る際のシチュエーションでは、「あさひを　きらきら　うけて、うさぎが　はしをわたりかけました。まぶしいから、下を、みいみい、まんなかまで　きました」や「赤い　ゆうひを　ぎらぎら　うけて、おおかみは　はしを　わたって　いきました。またまんなかで、ばったり、だれかに　ぶつかりました」とあり、原作では橋の中央で突然出会う状況を描写されている。

また、「『おれが、わたって　きたのに、きがつかなったのか？』『はい、ちっとも　しりませんでした。』『ぼんやりうさぎめ、もどれ、もどれ。』『でも、わたし　とても　いそぐんです。』『ぐずぐず　いうと、たにがわへ　どぶんだぞ。』」というウサギとオオカミの詳細なやりとりが削除されている。

さらには、「ただ、さるだけは、とくいの　ぶらんこ、はしの　下へ　ぶらさがって、『さあ　どうぞ、さ

きに　わたってください。』とおおかみを　とおしました」というサルの存在がユーモラスに描かれている部分や「なんと、やさしい　くまでしょう」という価値判断が含まれる部分も削除されている。

　そこで、なぜこのような表現が削除されたかを検討することも「読み物資料」を相対化する意味において、重要な活動の一つであろう。また、これらを確認することは、生徒たちが対象から距離を置きながら、ユーモアをもって自由に議論し合える場を作るためのしかけの一つと考える。

　そうすると、オオカミとウサギのやりとりから、オオカミに対しても道を譲る気のないウサギの強い姿勢があることや、オオカミの意地悪を自分の身体技能ですり抜けてしまうサルの存在、オオカミを抱き上げて渡すという奇抜なクマの行為を「なんと、やさしい　くまでしょう」と作者が表現していることも確認できる。さらには、オオカミがウサギたちを抱き上げて渡すという行為を気持ちよく感じ、楽しんでいることが確認できる。

　また、サルの存在は、作者のユーモアが感じられる場面であるが、道徳的な議論を展開する際には適切ではないと判断され、削除されたのであろう。また、生徒のなかには、サルがオオカミに道を譲るという「思いやり」の行為に気づいていないことを疑問点として指摘する者もいた。この点から、サルがこの「思いやり」の物語の外側にいることが確認できる。

　まずはこの段階が重要であると考える。なぜならば、従来の道徳の授業においては、「これは正しくない」という感覚を深く掘り下げずに、「何が正しいのか」というゴールにいち早く到達しようとしてきたからである。しかし、子どもたちは「何が正しいのか」について、はっきりと明言できないものの、「これはおかしい」という点については気づき、それを指摘することはできるだろう。

以上の活動を経たうえで、次のように問うことにしたい。


**「オオカミは本当に変わったのだろうか」**


この問いに対しては、「クマの真似をしているだけだ」、「オオカミは自分勝手に楽しんでいる」、「罪悪感から解放されて、ほっとしただけだ」、「強い者に従っただけだ」という見方が出てくるのではないだろうか。その一方で、クマの真似をしているかもしれないが、「オオカミはウサギに意地悪して傷つけることがなくなったのだから、やさしくなった」という見方もできる。それでは、誰かを傷つけないことが「やさしさ」なのだろうか。

このように教材文を相対化したうえで、次の段階では、そもそも「やさしさ」や「思いやり」とは何かについて考えていくことにしたい。

### ◇第2段階　「やさしさ」や「思いやり」の意味内容を検討する

第2段階では、日常当たり前のように使っている言葉について、辞書的な「意味」を確認しながら議論していくことにしたい。この段階でのねらいは、「言葉」の意味について調べることで、自分たちの習慣化されたものの見方から距離を置いて考えてみることにある。

もちろん、辞書に何らかの答えが記載されているわけではない。しかしながら、辞書を引くことは、自分にとっての意味と社会における意味を考えるためのトリガーとなるのではないだろうか。これも子どもたちの語りを誘発するしかけの一つとして考えている。

さて、彼らは「やさしさ」や「思いやり」をどのように捉えているのだろうか。先行研究を踏まえて述べるならば、「やさしさ」は「ひとを傷つけないように気を遣う態度」という意味で捉えるかもしれない。また、「思いやり」については、高齢者に「席を譲る」行為として示されるものと捉えているのかもしれない。

たとえば、『広辞苑第六版』（岩波書店、二〇〇八）の「やさしい（優しい）」という項目を見てみよう。

〔やさしい（優しい）〕
①身も痩せるように感じる。恥ずかしい。
②周囲や相手に気をつかって控えめである。つつましい。
③さし向うと恥ずかしくなるほど優美である。
④おだやかである。すなおである。おとなしい。温順である。
⑤悪い影響を及ぼさない。
⑥情け深い。情がこまやかである。
⑦けなげである。殊勝である。神妙である。
⑧（「易しい」と書く）ア簡単である。容易である。　イわかりやすい。

以上の意味が掲載されている。

これらを提示したうえで、改めて教材文に即して考えてみよう。

たとえば、本文中の「なんと　やさしい　くまでしょう」の「やさしい」はどういう意味なのかを考えてみよう。

そのためにも、これらの意味を理解しておく必要がある。①②③⑦の意味は、ほとんど馴染みがないものであろう。大野晋他編『岩波古語辞典』（岩波書店、一九八二）「やさし」は「ヤセ（痩）と同根。（人の見る目がきにかかって）身もやせ細る思いがする意。転じて、遠慮がちにつつましく気をつかう意。また、そうした細やかな気づかいをするさまを、繊細だ、優美だ、殊勝だと感じて評価する意」とその語源と意味の変容が記されている。中学校一年生に、古語辞典を引かせることは困難であろうが、教師がこのような言葉の語源を紹介し、その意味について話し合う場を設けることはできるだろう。ここで、「人の目が気になる」、「遠慮する」、「気遣う」など、「自分を抑えて、人のためにすること」という意味が含まれていることが確認できよう。

今日では、④の意味で「気立てがやさしい」、⑤の意味で「肌にやさしい洗剤」、⑥の意味で「やさしい言葉をかける」などが主として使われていることが確認できる。

なお、竹内整一が『日本人は「やさしい」のか』（ちくま新書、一九九七）でこれらの意味の歴史的な変遷を精神史として読み解きながら、わかりすく整理しているので参考にしてほしい。

このように、意味を理解しながら、「なぜクマがやさしいと評価されているのか」について考えていく。「クマ」は、「自己中心的ではなく、自己を抑えて、相手のためにするからやさしいのか」、「態度や性格が穏やかだからやさしいのか」「相手を困らせることをしないからやさしいのか」、「相手をいたわる心があるからやさしいのか」を検討してみる。そこには、自己抑制的な「やさしさ」が見受けられる。また、「おもいやり（思い遣り）」「おもいやる（思い遣る）」についても検討してみたい。

〔おもいやり（思い遣り）〕
①思いやること。想像。
②気のつくこと。思慮。
③自分の身に比べて人の身について思うこと。相手の立場や気持ちを理解しようとする心。同情。

以上の意味が掲載されている。

「おもひやり【思ひ遣り】」は、その語源が定かではないが、「〔四段〕一心配ごとを追いやる。気持ちを晴らす。二（遠くへ）気持ちを馳せる。三想像する。推察する。〔名〕一想像。推察。察し。二配慮」と記されている。「心配ごとを追いやる。気持ちを晴らす」という意味は、今日においても、「思いやられる」（心配する）という表現で用いられている。「（遠くへ）気持ちを馳せる」も「故郷の母を思いやる」などの表現で使用している。また、「想像」は、あるモノから記憶を想起したり、見えない部分を想像したりするという意味で用いられていたのである。

今日の「思いやり」には、「③自分の身に比べて人の身について思うこと」という意味があることが確認できる。その一方で、「①想像」や「②思慮」という意味もあることも確認できる。それぞれがどういう場面で用いられているのか、子ども自身の経験を踏まえながら、議論してみたい。

なお、「自分の身に比べて人の身について思うこと」について、松下良平は「反利己主義としての思いやり」の危険性として指摘しており、「他者とかかわることも『差し控えるべきこと』『慎むべきこと』としてみなされるおそれ」と「権力者や他者による支配や抑圧を受け入れる素地をつくる可能性」（松下、二〇一一、四八頁）を指摘している。つまり、これまでの道徳教育においては、「思いやり」について考える際に、自己抑制的な側面を強調してきたといえる。

そこで、日常使用している「やさしさ」や「思いやり」という言葉の意味やその文脈を改めて考えてみながら、「自分の想いを抑えて我慢することが『やさしさ』や『思いやり』なのか」もこの場面で考えることにしたい。

さらに、「優」という漢字も藤堂明保編『学研漢和大字典』（学習研究社、一九七八）で調べていると、漢字の成り立ちが「しなやかにゆるゆるとふるまう俳優の姿」にあることが確認できる。つまり、「やさし」には「見せる」という作為性や演技性があるといえる（竹内、一九九七、一四五頁～一四六頁、一四九～一五〇頁）。これは、その行為が本心であるのか、フリであるのかという問題とかかわるものであるが、この点については第4段階で改めて検討することにしたい。

以上のような活動を通じて、日常何気なく使っている言葉の意味について検討することで、「やさしい」や「思いやり」が多様な意味を持っていることを知るだけでなく、自分が使用している意味との重なりとズレを確認することができるだろう。

## ◇第3段階　相手の立場を想像しながら話し合う

第3段階では、教材文における「ウサギ」の立場に着目して考えてみる。「思いやり」について考える際には、辞書にも記載されていた「③相手の立場や気持ちを理解しようとする心」が強調されることが多い。この段階では、「相手の立場に立つ」ことの難しさと相手の立場について考えることの意味についても検討していきたい。

しかし、教材文のなかには全く描かれていない。そうであるならば、教材文に記載のない事項について考える必要があるだろう。ここでは、主人公であるオオカミの変容を読み取ることに力点を置くのではなく、敢えて脇役に目を向けてみたい。そこでまず、次のように問うことにしたい。

**「ウサギはどんな気持ちでオオカミに抱え上げられたのだろうか」**

先の劇化を踏まえて、落ちる危険を伴う狭い一本橋の上で抱き上げられるという状況から、「谷川へ落とされちゃったらどうしよう」などの意見が出るかもしれない。

ウサギはオオカミが抱いて渡すという行為をどう受け止めたのであろうか。この点については、教材文では述べられていない。しかし、ウサギは一本橋の上で、完全にオオカミに身を委ねることができたのだろうかと考えてみる必要があるだろう。その理由は、ウサギはオオカミにいじわるされるかもしれないという危機感や、信頼関係が形成されていないオオカミに抱き上げられる不安があった可能性があるからである。そのことを踏まえて、次のように尋ねてみたい。

**「もし怖いという不安があっても、ウサギは黙って受け入れなければならないのか」**

この問いに対しては、「相手の気持ちは快く受け止めるべきだ」、「怖いというべきだ」という意見が出るだろう。

この点を掘り下げて考えるために、一度、動物物語から離れて、少し現実問題に引き付けてみることにしたい。たとえば、「思いやり」の行為として引き合いに出される「高齢者には席を譲る」という場面について考えてみたい。

私たちは、席を譲る場面で、すんなりと行かずに、何かしらの葛藤をすることもある。たとえば、「余計なお世話だと、断られたら、怒られたらどうしよう」、「やさしくない人と思われたくないから、居眠りしよう」などが挙げられる。

もし、「高齢者に席を譲る」ことが「思いやり」を示す適切な「型」だとすると、私たちはある人が「高齢者」に見えた場合、その型に応じた反応をしてしまう。生徒たちのなかには、席を譲った際に、「いくつに見えるんですか。失礼な」といわれて、「何だよ。せっかく譲ってあげたのに、損した気分だなあ」と感じたことがあるかもしれない。そこで、次の点を考えてみる。

**「なぜ、席を譲ったのに、相手を怒らしてしまうことがあるのだろうか」**

相手がなぜそういう気持ちになるのかを考えてみよう。アンソニー・ウエストンは『ここからはじまる倫理』（春秋社、二〇〇四）のなかで、想像力を閉ざした態度を向けられると、自分が相手にとって単なる『物』にすぎないと気づくとし、「型にはまったイメージを持っていると、決まり切った反応を反射的にしてしまう。他人を人として扱うことができなくなってしまうし、型通りの反応を変えることができなくなってしまう」と述べているが（ウエストン、二〇〇四、九八頁、一〇一頁）。

ウエストンの指摘を踏まえて考えてみると、「立っているのが辛そうだな」と自分の身体を気遣ってくれたのではなく、「高齢者」だと判断され、型通りの反応をされたと感じたがゆえに、その偏見や差別のまなざしを向けられたことに対する怒りなのかもしれない。それは、「思いやり」の「①想像」という意味が欠落していたということなのかもしれない。

また、左近司は、高齢者と若者、席を譲る人と譲られる人という役割分担、つまり、強い人から弱い人への上から目線の「思いやり」という構造に原因があるとして、「弱い人の役割を振られたほうには、納得のいかなさが残る」という点から違和感を指摘している（左近司、二〇一四、一〇四頁）。

つまり、見た目で判断されて、型通りの反射的な対応をされた上に、弱い立場に位置づけられたことへの不満があるといえる。しかしながら、相手の好意的な行為に対して、不服を唱えることは自分勝手な「わがまま」と感じ、生徒たちも簡単に納得できる話ではないだろう。

そこで、教材文においても、ウサギがオオカミの抱いて渡すという行為を黙って受け入れているように、それを受ける側はその行為を好意的に受け止めるべきなのかを考える必要があるだろう。なぜならば、それは受け手であるウサギに対して、「②周囲や相手に気をつかって控えめである」という意味での「やさしさ」を強要することになると考えられるからである。そこで、次のように問いかけてみたい。

**「席を譲ってもらったのならば、仮に不満に感じたとしても、「ありがとう」とお礼をいうべきなのだろうか」**

この点について、鷲田清一は『老いの空白』（弘文堂、二〇〇三）において、「愛されるにふさわしい老人も、可愛がられるにふさわしい子どもも、ともに受け身の存在であることを暗に求められている」（鷲田、二〇〇三、七五頁）とケアを受ける側が受動的な存在に位置づけられていることを指摘している。ケアされる側がここでは、ケアする側とケアされる側の非対称的な関係をどう考えるかという問題について考えていく。

以上のように検討してきた上で、お互いの考え方が一致せずに、ぶつかりあってしまうことがあることも認識できるだろう。実験授業においても、「自分にとっての『やさしさ』と相手にとっての『やさしさ』が違うこともある」と指摘した生徒もいた。ここで、自分と他者のあいだには、埋められない距離が存在することを知ることができるだろう。

ここで確認すべきは、他者との距離感というかかわり方の問題が大きく関係しているという点である。それでは相手の気持ちは計り知れないのだから、とりあえず型通りに振る舞えばいいのだろうか。先にウエストンが指摘したように、相手が何を必要としているのか、何を望んでいるのか、想像しながら考えることはできるだろう。もちろん、これで相手の気持ちを完全に知ることなどできない。しかし、相手の置かれている状況を考えることはできるだろう。

これらの点を踏まえて、この段階では次のような課題に取り組んでみたい。

**「介護等のケアされる側の現状について調べ、自分がケアされる側に置かれたらどうだろうかと想像しながら、語ってみよう」**

介護の場面について書かれた書物を読んでみることやインターネットで調べてみる。実際に、読んだり、調べたりすると、介助の方法や介護する側の大変さが述べられていることが多いことに気づくだろう。たとえば、排泄介助の場面における便座への座らせ方やおしりの拭き方などが記載されている。確かに、上手に持ち上げることやきれいに拭いてもらうことはケアされる側にとっても望ましいことである。その一方で、持ち上げられる側が完全に身体を預けることへの不安や、おしりを拭かれながら「もういいよね」といわれる側の気持ちなどが述べられていることは決して多くはないのが現状であろう。その背景には、ケアされる側（当事者）の語りが拒まれる社会状況があるからと考えることができる（上野、二〇〇八）。

それゆえに、そのような状況を踏まえつつ、介護等の具体的な場面について調べ、ケアされる側が何に困っているのか、何を望んでいるのかについて想像してみることを試みたい。もちろん、当事者以外の人間が安易に語るべきではないのだが、相手の眼から世界を眺めようと試み、それを理解しながら語ることの難しさを感じつつも、それを想像しながら語ることの意味について考えることにしたい。

### ◇第4段階　オオカミの行為が「偽善」であるのかを話し合う

第4段階では、改めて、「オオカミは本当に変わったのか」という問いについて考えてみたい。ここでは、行為者側の気持ちや態度の問題について考えることになる。

「オオカミは本当に変わったのか」という問いに対しては、オオカミが「えへん、へん。」といい気持ちになって、晴れ晴れとしていることなどから、オオカミは何も変わっていないという見方をする生徒もいるだろう。それは、ウサギに対して悪いことをしたという反省の様子が見られないからなのだろうか、それとも、善行を喜んではいけないということなのだろうか。「やさしさ」には「②つつましい」というような自己抑制的なものが求められるからなのだろうか。

また、実験授業で行った際に、改めて認識したことがある。それは、生徒のなかに、オオカミの行為や「席を譲る」という行為を〔偽善〕であるという見方をする者もいるということである。これらの行為を周囲に善行をアピールするようなものと解釈した場合、オオカミのように「えへん、へん」と自己満足に浸っているように映るのだろう。ここでは、善行を自慢する偽善者に対する鋭い嗅覚を、生徒たちの大人や社会に対する批判的な見方と捉え、〔偽善〕にどう考えるのかを話し合う場面を作ってみることにしたい。そのうえで、オオカミの行為のどこが〔偽善〕なのかを挙げてもらう。

たとえば、「クマの真似をしただけで、それまでの悪い行いに対する反省をしているのか」、「オオカミは『えへん、へん』と優越感に浸っているけど、相手の悲しみや辛さなどをわかっているのだろうか」、「相手をいたわるような『⑥情け深い』という意味での『やさしさ』に欠けている」という指摘が考えられる。そこで次のように問いかけてみたい。

**「フリや演技は善くないことなのだろうか」**

「それが善い行いであっても、純粋な気持ちでないならば、やってほしくない」、「いい人と思われたくて、やっているのならば、善くない」という意見などもあるだろう。そこで、生徒たちがなぜフリや演技に対して嫌悪感を抱くのか、その点を掘り下げていきたい。

この演技的側面について、丸山眞男は〔偽善〕を意味する英語のhypocrisyが舞台の上でなにかの役割を演ずるという原意を示しつつ、日本の文化においては、演技的行動自体に不純な精神を嗅ぎつける傾向があることを批判している（丸山眞男、二〇〇三、三二七頁）。つまり、「席を譲る」などの振る舞いに対して、行為者のいやらしさを感じてしまうことである。

それに対して、「仮にフリや演技であっても、結果的に相手が喜んでくれればいいのではないか」という意見もあるだろう。先にも述べたように、「優」や「やさし」には「見せること」という作為性や演技性があるが、そこには「その場その場を滑らかにやりすごそう」（竹内、一九九七、一六二頁）とする側面があったとされる。つまり、適度な距離感で演じつつも、結果的に円滑な関係が成り立てばよいとも考えられる。

そうであるならば、次のような解釈を提示してみることもできるだろう。

「偽善者と批判されるかもしれないオオカミも、本当は円滑な関係を築きたかったのかもしれない。しかし、どう振る舞っていいのかわからずに、偽悪的な振る舞いをしたのかもしれない」

「オオカミは、クマの行為を真似しただけの演技にすぎないのかもしれない。しかしその結果、円滑な関係を築き、それを嬉しく感じたのかもしれない」

さらには、次のように問いかけてみたらどうだろう。

**「オオカミの気持ちは変わっていなくても、ウサギも他の動物も結果的に、橋を渡ることができたから、善いことではないだろうか」**

これは、動機や気持ちを重視する立場ではなく、結果を重視する立場からの捉え方である。たとえば、パオロ・マッツァリーノの『偽善のすすめ――一〇代からの倫理学講座』（河出書房新社、二〇一四）において、「私はもちろん偽善肯定派です。しない善よりする偽善、ってスローガンには大賛成です――が、私はそこにもうひとことつけ加えます。『しない善よりする偽善、でも、やりすぎるのは独善だ』。私の基本理念はこれ。『気が向いたときだけ善行しよう。偽善者になろう。』昨日は電車で老人に席を譲ったけど、今日は疲れているから寝たふりして譲らなかった。それでもいいんです。気が向いたら譲ればいいし、気が向かなければ譲らなくてもいい。月に一度でも年に一度でもいい。それでもゼロより絶対まし」（マッツァリーノ、二〇〇～二〇一頁）という意見を参考に考えてみるとよいだろう。

おそらく多くの生徒もそれなら自分もできると賛同を得られる内容ではないだろうか。しかし、第3段階での議論を踏まえると、「『席を譲る』ことが相手に不快な思いをさせるならば、その行為は辞めるべきなのだろうか」という意見もあるだろう。マッツァリーノが「やりすぎるのは独善だ」と述べているように、ここで考えるべきは、動機を重視するか、結果を重視するかだけでなく、何が相手にとって、「余計なお世話」や「ありがた迷惑」になってしまうのかということである。なお、マッツァリーノのいう「独善」は、半強制的になってしまう募金活動などを想定していることを付記しておきたい。

しかしながら、「気が向かなければ譲らなくてもいいというような気分次第でいいのだろうか」という批判もあるだろう。なぜならば、オオカミのように、意地悪することもやさしくすることも彼の気分の問題なのではないかと問うこともできるからである。

そこで、この問題を引き継ぎながら、教材文が「公平さ」に欠く点を確認していくことにする。

### ◇第5段階　社会の問題に目を向けて、どのような課題があるかを発表する

第5段階では、教材文が「公平さ」に欠く点を確認したい。ここでのねらいは、「思いやり」の問題点を自覚し、それとは異なる解決方法を探りながら、社会の問題に目を向けることにある。この教材文が「大きい／小さい」という力関係を前提としている点も検討する必要がある。「抱えて渡す」という力に依存した解決方法は、上下関係を生み出してしまう。つまり、「思いやり」には、上下関係の構造があるといえる。ウサギは、常に自分では橋をすれ違うことのできない存在として差別化され、オオカミが優位な立場を独占している。つまり、この場面においてはオオカミだけに選択権が存在することになる。また、サルはその身体的特徴と運動能力によって、この力関係から逃れている。生徒も指摘していたように、オオカミの「思いやり」に気が付いておらず、サルはこの問題に関しては無関心になってしまっているといえる。さらに、オオカミがこの行為を常に続ける保障は全くない。オオカミが疲れていたり、気が向かなかったりするときもあるだろう。つまり、ここでの「思いやり」が発揮されるかどうかは、オオカミの気分に依存することになる。

そこで実験授業においては、「抱えて渡すという力に依存した解決方法によるのではなく、公平になるには、どのようにしたらよいのか」と問いかけた。これに対しては、「橋の本数を増やせばよい」、「ルールを決めればよい」という意見が出た。なお、実験授業では十分に掘り下げることができなかったが、「誰が橋を設置する費用を負担するのか」、「ルールはどのように決めるか」「ルールによって、不公平な状況は生じていないか」などを考えることもできただろう。

また、テレビ番組『エジソンの母』（TBS系列、二〇〇八）で、花房賢人（エジソン）が「オオカミがウサギを食べました」という自然の摂理を主張したように、弱肉強食の世界を理想の世界で覆い隠すことはできないだろう。実験授業においても、疑問点の一つとして、「なぜ、ウサギはオオカミに食べられないのか」を挙げていた生徒が数名いた。このように、食べる・食べられる関係のみならず、人間の社会においても、弱い子と強い子、お金持ちの家の子と貧しい家の子、容姿の違い、男女の違い、障がいの有無など、貧困や差別、戦争などの問題に関する世の中の不公平さを子どもたちも薄々感じていることだろう。そこで次のような課題を取り入れてみたい。

**「世の中で不公平だと思うことをいくつか挙げてみよう」**

ここでの目的は、生徒自身がどのような不公平が生じているのかを考えることにある。それについて詳細に議論していくよりも、何が問題なのか、生徒自身が問いを立てていくことに重点を置きたい。

なお、ここで留意すべき点は、これらの問題が、先の取り組みのように、対等な関係を作り出し、順番に橋を渡るなどのルールを作ることでは解決できないこともあるということである。「席を譲る」ことについても、誰もが了解できる何らかのルールを打ち立てることは難しいのかもしれない。第3段階で検討したケアの場面は非対称的な関係にあり、対等にすれば解決するという問題でもない。むしろ、ルールや規範が立場の弱い人々を排除する危険性も存在することに注意する必要がある。それゆえ、他者に配慮しながら、お互いが支え合って生きていくためには、どのようにすべきかをより深く考えていくことが課題である点を確認することにしたい。

なお、ここで出てきた不公平に関する疑問は、「正義」に関する道徳の授業で引き続き取り上げていくことはもちろんのこと、社会科の授業においても展開していくこともできるだろう。そうすることで、社会の仕組みを覚えるだけでなく、自分と社会のかかわりを問う社会科の授業を展開していくことにもつながると考える。

## 4　おわりに――問いを発する教師の振る舞い

この授業のねらいは、子ども自身が、簡単には答えが出ない問題やより深く考えていかなければならない課題に直面していることを自覚し、自分と社会のかかわりについて、辞書で調べたり、疑問を持って考えたり、想像力を働かせながら、問い続ける営みの大切さに気づくことであった。

この点に関しては、「自由に考えて、自分の知識を広く増やし、豊かにし、さらに深く考えていきたい」、「一つの立場からではなく、色々な視点からものを考えることもできて、とても良かったと思う」、「人それぞれの考え方は違って、意見がバラバラだったけれど、自分とは違う意見を知れて、学べたので良かったです。これから、ささいなことでも考える習慣をつけていきたいと思いました」などの生徒たちの感想から、疑問を持ちながら考えるという側面において一定の成果があったといえるのではないだろうか。

しかし「やさしさ」などの言葉の意味を十分に問い直せたかというと十分ではなかったと思える。その要因は、「やさしさ」を問い直す授業において、筆者が生徒たちに対して協力を促す発言をしたことにより、

「悪影響を及ぼさないように気を遣ってほしい」という「やさしさ」を彼らに求めてしまったことであると考えられる。なぜならば、生徒にとっては授業の内容と方法が一体を成すものであるため、いくら多様な観点から問いかけ、考えを深めることができたとしても、授業を支配してしまった「やさしさ」の空気を問い直すことはできないからである。

つまり、この授業を実践していくためには、生徒の戸惑いや混乱を恐れずに、生徒と対峙する覚悟が求められている。そうでなければ、生徒たちが様々な矛盾のある現実の社会と向き合う授業という目的に近づくことはできないだろう。

**参考文献**


アンソニー・ウエストン（野矢茂樹・高村夏輝・法野谷俊哉訳）『ここからはじまる倫理』（春秋社、二〇〇四）。
上野千鶴子「ケアされるということ――思想・技法・作法」上野千鶴子ら編『ケアその思想と実践3 ケアされること』（岩波書店、二〇〇八、一～三三頁）
大平健『やさしさの精神病理』（岩波新書、一九九五）
栗原彬『やさしさの存在証明――若者と制度のインターフェイス』（新曜社、一九八九）
左近司祥子『なぜねこは幸せに見えるの？――子どものための哲学のおはなし』（講談社、二〇一二）
柴山英樹「『物語ること』を『哲学する』ためのしかけ――渡辺哲男氏による中学校第二学年の国語科授業の分析から――」（『滋賀大国文』第五〇号、二〇一三、七五～八一頁）
柴山英樹「中学校の道徳教育における教材研究と指導方法に関する一考察――小学校読み物資料を中学校で読み直すための試案――」（日本大学教育学会編『教育学雑誌』第五〇号、二〇一四、九七～一〇八頁）。

竹内整一『日本人は「やさしい」のか』（ちくま新書、一九九七）
土井隆義『友だち地獄』（ちくま新書、二〇〇八）
奈街三郎「作者の言葉」小川未明ら編『日本児童文学全集第七巻　童話篇七』（河出書房、一九五三、二六九頁）
奈街三郎「幼年童話」国分一太郎・関英雄・与田準一編『文学教育基礎講座　第二巻　児童文学はどうつくられるか』（明治図書、一九五七、四一～五六頁）
奈街三郎「はしの上のおおかみ」子どもの文学研究会編『月夜のバス（よんでおきたい物語五）』（ポプラ社、一九六一、五四～六一頁）
オスカー・ブルニフィエ文（西宮かおり訳）、クレマン・ドゥヴォー絵『子ども哲学　よいこととわるいことって、なに？』（朝日出版社、二〇〇六）
パオロ・マッツァリーノ『偽善のすすめ――一〇代からの倫理学講座』（河出書房新社、二〇一四）
松下良平『道徳教育はホントに道徳的か？――「生きづらさ」の背景を探る』（日本図書センター、二〇一一）
丸山眞男「偽善のすすめ」『丸山眞男集第九巻』（岩波書店、二〇〇三）
森真一『ほんとうはこわい「やさしい社会」』（ちくまプリマー新書、二〇〇八）
柳沼良太『問題解決型の道徳教育――プラグマティック・アプローチ』（明治図書、二〇〇六）
アンドレ・ランガネー（及川裕二訳）『娘と話す　不正義ってなに？』（現代企画室、二〇〇七）
鷲田清一『老いの空白』（弘文堂、二〇〇三）

# 第3章　生殖医療を考える

## ――本当の親子とは？　デザイナー・ベビーを通して――

## 1　教材について――生殖医療をとおして親子について考える

本章では、医療技術の進歩により生ずる、モラル・ジレンマについて紹介する。この教材で扱うモラル・ジレンマの場面は、「不妊は治すべき病気か」を問いかけることによりはじまる。その後もいくつかの事例を紹介する。これまで考えたことや、曖昧にしか思ってこなかった事柄を、個人として真剣に向き合わなければならない、そのようなジレンマが生ずる場面で問いかけている。以下に紹介する授業例は、四つの教材文から構成されている。教材文はすべて筆者によって作られたものである。

一つ目の教材文は、医療技術の進歩と、病気治療への考え方について説明をし、その後「不妊」についての原因を説明しているものを取り上げる。そこから不妊の克服へ向けて、世の中の関心を集めている「体外受精」を取りあげ、「不妊は治すべき病気か」、「病気だと判断するのは体の状態からか、心の状態からか」についての考えを生徒に求める。

二つ目は、養子縁組の親子についての教材である。この教材で扱うモラル・ジレンマの場面は、「血のつながりがなければ、親子ではないのか」を問いかけることにより生ずる。「親子とは、遺伝上の関係か、養育する関係か」について生徒に考えを求める。

三つ目は、近未来に起こり得る「デザイナー・ベビー」と呼ばれる、生殖医療技術について紹介している教材である。この教材で扱うモラル・ジレンマの場面は、「親として生まれてくる子の幸せを願うのは当然である」という誰もが同意するところから出発する。そこから「優秀な精子や卵子を購入することや、受精卵の状態で選別・廃棄の操作をすることは、親に認められる行為か」と、問いかけることにより生じさせる。あらかじめ生まれてくる赤ちゃんの、将来において発現される能力が、遺伝子解析により分かる時代になってきた。このことを受け、受精卵を着床前診断により選別し、「身長・知能・運動能力」など親の願望を叶えようとする医療ビジネスが起動しつつある。このことについて、親の経済力が有るのか無いのかによって、選択肢が広まったり狭まったりする現状も紹介する。

四つ目は、三つ目の教材を受けて、親の経済力や地位等により、医療の恩恵を受けられる者と受けられない者とがいる現状は、果たして「公正・公平な世の中なのか」を問題提起する。この教材で扱うモラル・ジレンマの場面は、「努力が報われることは正しい事だ」と誰もが同意するところから出発し、そこから「生まれた時から、高い知能や運動能力がある人とない人、あるいは、親に高い経済力がある人とない人とでは、正しい競争になるのか」を問いかけることによって生ずる。そこから、クラス全員で「公正・公平な世の中」について討論していく教材である。

以上、四つの教材文から今後、確実に出会うであろう社会問題について、少なくとも社会人として巣立つ前に、一人の人間として向き合う時間をつくることになることも、この教材の重要なねらいの一つである。

**教材文1**

## 「医療の進歩はどこまで許されるのか」

「医療技術」と「不妊」について詳しく見て行くことにする。

自然界で行われる、子孫を繁殖させる営みにおいて、子孫を残せない個体・カップル・番（つがい）は、犬や猫などを含む、多種にわたる動物類にも一定の割合で見られる。人間も同様にカップルの一割に子どものできない「不妊症」が見られる。日本産科婦人科学会の定義によると不妊症とは、「妊娠を望んで性生活を送っている男女が二年以上妊娠していない状態を指す」もので、世界保健機関（WHO）では、不妊期間を一年間としている。

これまで培われてきた医療技術は、もっぱら生命の存続に技術の大半が注がれてきた。その医療技術の応用について、大きく二つに分類する。一つは、病変部を除去したり、病原菌に直接作用する抗生物質を用いたりして、患部そのものを根源から治療する「原因療法」である。もう一つは、病気の原因に対してではなく、その時の症状を軽減するために、鎮痛剤や解熱剤を用いる「対症療法」である。例えば、風邪をひいたら、咳を抑えたり、熱を下げたりする薬を処方するのが対症療法である。また、抗生物質を病原菌に直接作用させ、改善を図るのが原因療法である。このように、風邪の症状を悪化させ、生命の危機にみまわれないように技術の向上が図られたのである。そのことから見れば、「不妊」については、一個人の生命存続についての危機は見当たらない。また、一割程度の不妊率であれば、人口の維持にも影響はない。

不妊には、男女それぞれに原因が見られる。例えば、

・精液に精子が存在しない「無精子《むせいし》症」
・精液に精子の数が不足している「乏精子《ぼうせいし》症」
・精子の運動能力が乏しい「精子《せいし》無力《むりょく》症」

・卵子の通り道がふさがり、排卵できない「卵管通過《らんかんつうか》障害」
・毎月定期的におこる排卵が不規則な状態「排卵《はいらん》障害」
・子宮の壁に筋肉のこぶができる状態「子宮筋腫《しきゅうきんしゅ》」

『第一四回出生動向基本調査』(国立社会保障・人口問題研究所)によれば、「約三割の夫婦が不妊を心配したことがあり、その半数(一六%)が実際に不妊の検査や治療を経験している。この割合は増える傾向にある」としている。およそカップルの六組に一組が不妊で悩んでいることを示しているのである。

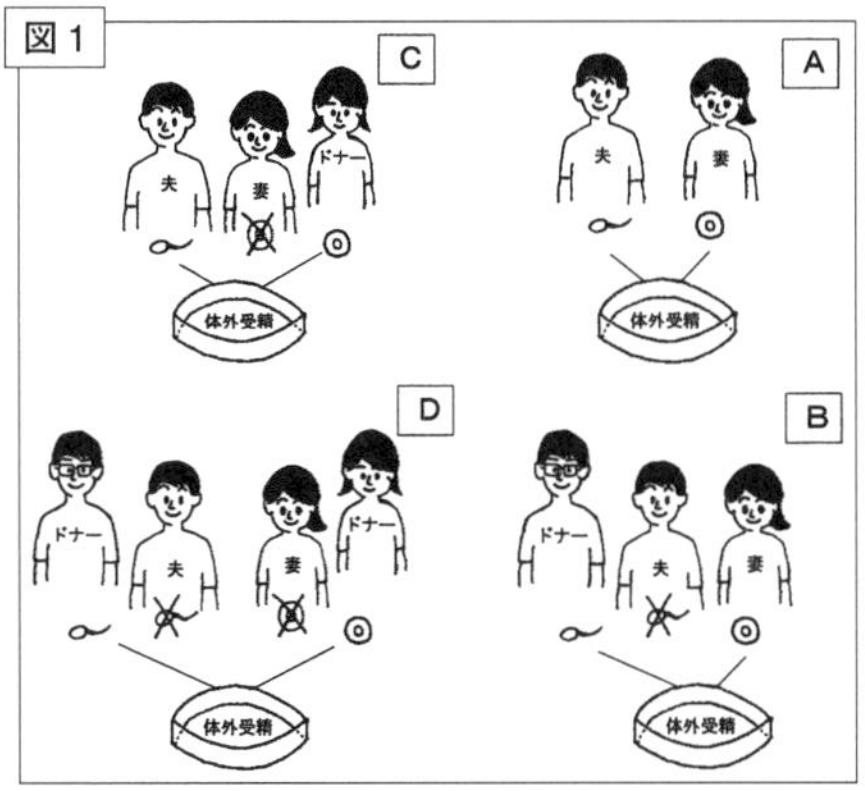


ここで、先ほど述べた、「原因療法」「対症療法」を当てはめてみる。例えば、精子の数や運動能力に問題がある場合は、原因療法では改善は望めない。卵管の場合は詰まりを改善することが可能であれば、原因療法が当てはまるが、なかなか難しいらしい。このような場合、不妊という疾患を持ったまま、治療したのと同じような効果を求めて、対症療法を選択することになる。今の医療技術では治療法が見つからないときの選択肢である。

その方法の一つに「体外授精」がある。患部の根治は不可能でも、「子どもが欲しい」という願いは叶えられるのである。上のA~Dの図を見て考えてみよう。Aの場合は、夫の精管に問題があり、自然には受精させられない状態である。また妻も卵管に問題があり、自然には受精できない状態である。そのため夫の精子と妻の卵子を妻の子宮に戻して生むパターンである。

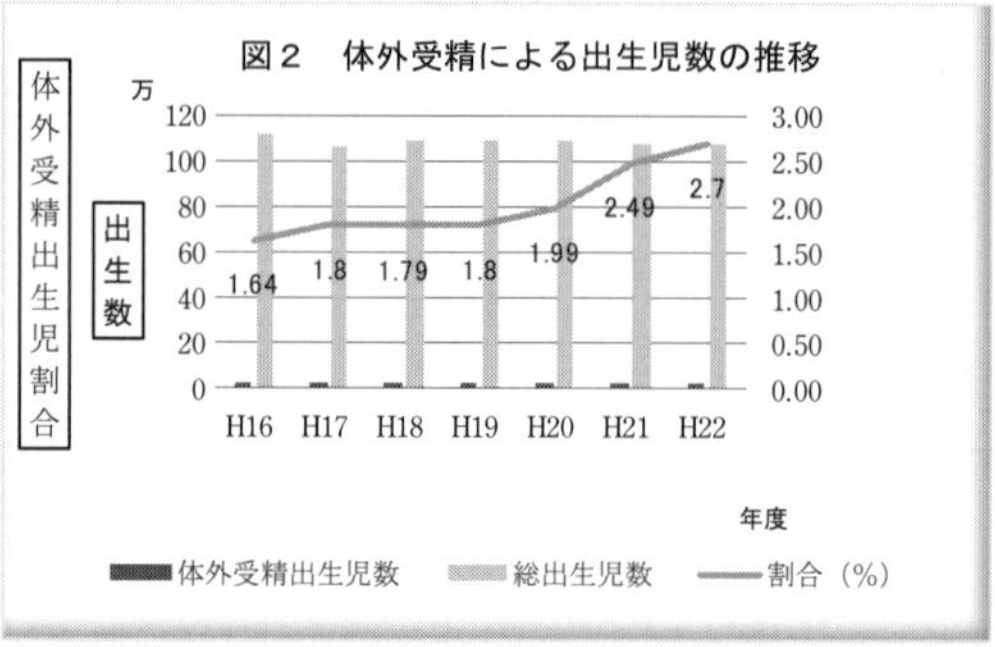


Ｂの場合は、夫の精子に何らかの問題があるため、精子を提供者（ドナー）からもらい、体外受精させたのちに、妻の子宮に戻して生むパターンである。

Ｃの場合は、妻の卵子に何らかの問題があるため、卵子を提供者（ドナー）からもらい、体外受精させたのちに、妻の子宮に戻して生むパターンである。

Ｄの場合は、夫の精子、妻の卵子の双方に何らかの問題があるため、両方を提供者（ドナー）からもらい、体外受精させたのちに、妻の子宮に戻して生むパターンである。

図１で示した以外の人工授精や体外受精もあるが、ここでは四つのパターンで考えてほしい。繰り返しになるが、不妊という疾患を持ったまま、治療したのと同じような効果を求めて、対症療法を選択した場合の一例として「体外受精」を選んだ夫婦のモデルである。今の医療技術では「根治療法」が見つからないときの選択肢である。

最後に、「体外受精による出生児数の推移」より、平成二二年の数値を紹介する。総出生児数は、平成一六年より二二年までおおよそ一一〇万人前後で横ばいである。一方「体外受精出生児数」は、年々増える傾向が見られ、二二年は二・七万人に到達している。

（図２の出典：出生数は、厚生労働省「人口動態統計」から。体外受精出生児数は、『日本産科婦人科学会雑誌』で報告される各年の「体外受精・胚移植等の臨床実施成績」から）

**教材文2**

## 「本当の親子とは」

ある親子について紹介する。

一郎（仮名）は、生まれてすぐに両親を交通事故で亡くしてしまった。交通事故現場にかけつけた警察官は、夫婦ともに、背中や頭部に損傷を負いながらも、必死に我が子を抱きかかえるように横たわっている姿を目にしたという。我が子を命に代えて守り息を引き取った夫婦の姿を見たのである。その後、一郎は引き取り手がないため、病院から児童養護施設へと引き取られていった。

一方、子どもに恵まれない夫婦がいた。田中（仮名）夫妻である。夫妻は結婚生活五年目を迎える。妊娠についてはこれまで自然に任せていたが、先月病院を受診した際に、妊娠の可能性が自然状態では難しいとの診断を受けていた。夫妻は、人工妊娠の選択をとっても、妊娠の可能性は低いことも考慮し、養子縁組を希望することとした。

仲介者を通して、田中夫妻は、養子となる子の身体的特徴について希望を出している。それは、血液型や肌の色、髪の色については、養子となった子が物心ついたときに、両親と外見が違うことでいじめにあうことを防ぐ意味からである。それ以外の男女について性別の希望はしなかった。

○月○日、仲介者から連絡があり、先に紹介していた一郎を養子として迎えることとなった。一郎はまだ乳飲み子であり、自分たちの愛情をもって育てなければ生きていけない、とてもか弱い存在に見えた。夫妻は、一目見た瞬間、一郎を気に入り、「今日を境に僕たちは家族だ！」と声高らかに宣言し、実の親子以上に愛情たっぷりに一郎を育てていったのである。

その後一郎は、すくすくと育ち、やがて成人したときにその出生の秘密を両親から告げられることになった。真実を告げられた一郎は、しばらく考えた後、「僕たちは本当の親子なんだ。だから、これからも変わらずに僕のお父さん、お母さんでいてくれるよね。」と理解を示し、良好な親子関係を現在も続けている。

**教材文3**

## 「我が子の将来を考えて　デザイナー・ベビー」

●「デザイナー・ベビー」は許されるのか

「人工授精」技術から「着床前診断」技術の発展した姿をみて見る。それが「デザイナー・ベビー」である。次の記事（一部抜粋）を紹介する。

「デザイナーベビー？　遺伝子解析、好みの赤ちゃん米で手法特許、倫理面で批判」

青い目で足が速く、乳がんになるリスクが低い子どもが欲しい――。親が望む特徴をもつ赤ちゃんを作る「デザイナーベビー」につながる遺伝子解析技術が考案され、米国で特許が認められた。自分と、精子や卵子の提供候補者ごとに遺伝情報を解析して、望み通りの子どもが生まれる確度を予測するシステムだ。科学者からも「倫理的に大きな問題」と批判が出ている。

特許化されたのは、米国の個人向け遺伝子解析会社の大手「23アンドミー」（本社・米国カリフォルニア）の手法で、米特許商標庁が九月二四日付で認めた。今回、特許が認められたのは、これまでに得られた病気のリスクなど独自のデータや情報を利用する手法だ。具体的には、不妊クリニックや商業的バンクに保存されている精子や卵子の提供者と、利用者の遺伝情報をかけ合わせて解析する。

利用者は「大腸がんリスクが低い」「青い目」など、望む子どもの特徴を示せば、提供者ごとに、子どもにそれぞれの特徴がどの程度表れるのか確率がはじき出される。利用者の希望を満たす度合いに基づき採点、点数の高い提供者を知ることができる。

希望できる特徴には、身長や性格、寿命、酒の強さ、運動能力、病気の発症リスクなどがある。

……（略）……

今の遺伝子解析研究の状況では、子どもに出る特徴の確率の信頼度、精度は項目により、大きなばらつきがある。まだ想定通りの結果は出ないが、近い将来、遺伝子解析が進んで精度が高まれば、デザイナーベビーは現実になる、とみる科学者は少なくない。（後略）

（朝日新聞デジタル、二〇一五・七・一〇取得）

次頁に示した図3のA～Dは、右の新聞記事から予想して書いたものである。多種多様に考えられるが、ここでは四つのパターンについて考えてみることにする。

Aの場合は、夫婦が体外受精をし、その受精卵を着床前に選別してから、妻の子宮に戻して生むパターンである。この場合、「選別メニュー」にある条件について、夫婦ともに、その因子を持たない場合は、条件が満たされない場合もある。

Bの場合は夫の精子に何らかの問題があるため、精子を提供者（ドナー）から購入する際に、あらかじめ理想の条件に近い人物から精子を購入する。その精子と妻の卵子とを体外受精させたのちに、その受精卵を着床前に選別し

図3

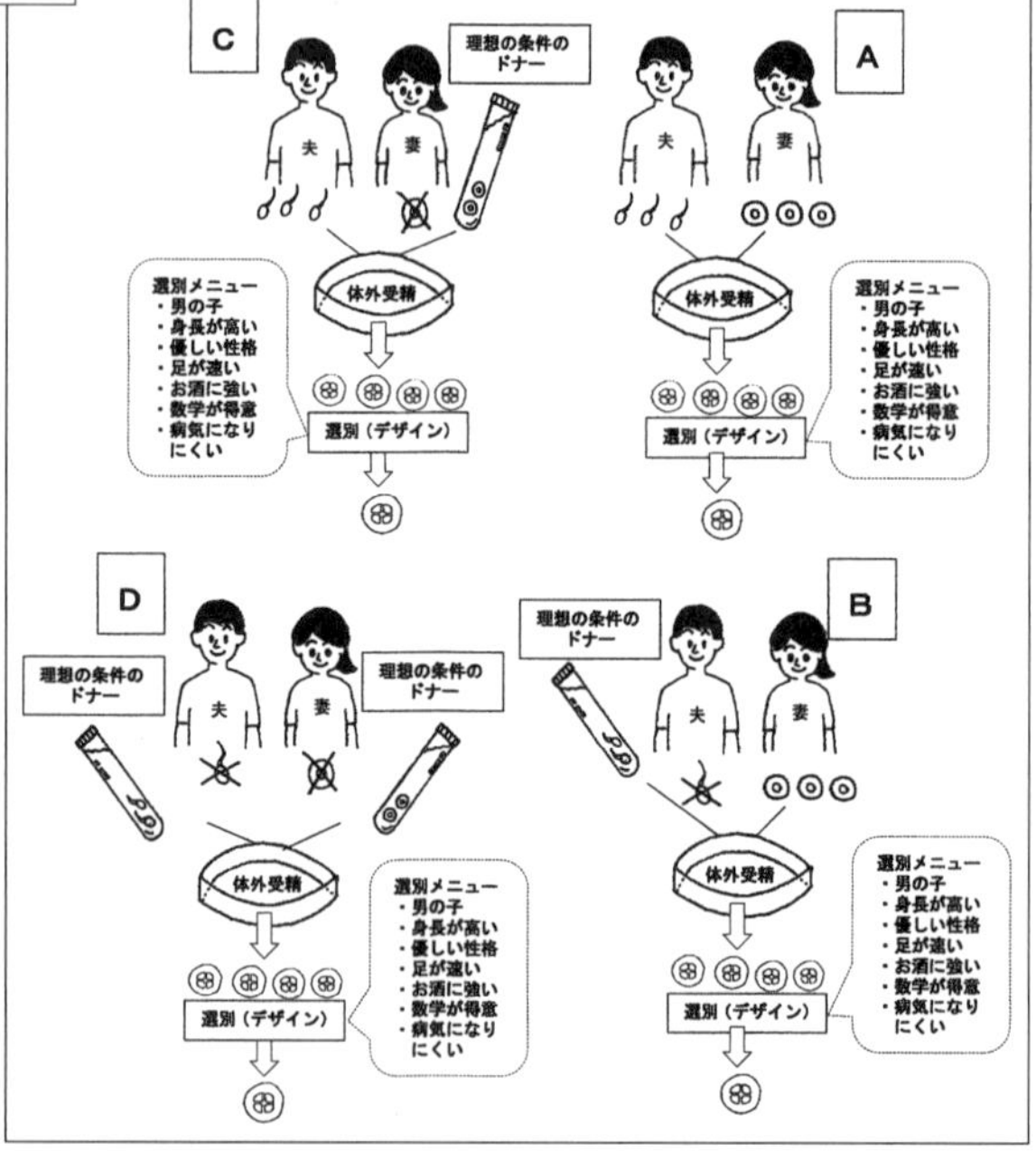


てから、妻の子宮に戻して生むパターンである。

　Cの場合は妻の卵子に何らかの問題があるため、卵子を提供者（ドナー）から購入する際に、あらかじめ理想の条件に近い人物から卵子を購入する。その卵子と夫の精子とを体外受精させたのちに、その受精卵を着床前に選別してから、妻の子宮に戻して生むパターンである。

　Dの場合は、夫の精子、妻の卵子の双方に何らかの問題があるため、両方を提供者（ドナー）から購入する際に、あらかじめ理想の条件に近い人物から購入する。その卵子と精子とを体外受精させたのちに、その受精卵を着床前に選別してから、妻の子宮に戻して生むパターンである。

## 教材文4

## 「公正・公平な社会を考える」

「生まれ変わり」という言葉を知っているだろうか。辞書（『大辞林　第三版』）によると「生まれ変わること。また、生まれ変わってきた人や姿」とある。似たような意味の言葉が仏教用語の「輪廻（りんね）」で、辞書（『岩波国語辞典　第六版』）によると「生きかわり死にかわりすること。車輪が回転してきわまりがないように、霊魂が転転と他の生を受けて、迷いの世界をめぐること」とある。

人は死ぬと、現世で築いた財産も、名誉もすべて失って、魂だけが天の「あの世」へ上る。その魂には、階級も身分差も大小の差異もなく、すべてが平等で平穏な状態になる。

神は、浄化された魂を集め、生まれ変わりの準備をさせる。その準備の一つに、全員で、生まれ変わる世の中について話し合いをすることが決まっている。今日もその準備のための話し合いが行われている。君たちもその会議にこれから参加しなければならない。さあ、会議場へいこうではないか。

神　　「あの世の住人たちよ、これから君たちは生まれ変わって、再び現実世界で生きなければならない。そこで、生まれ変わる世界について、どういう社会にすれば自分たちが生まれ変わった場所で困ることなく、平穏に、無事に生きられるかを相談して欲しい」

住人1「それじゃあ、神様、金持ちになりたいとか、頭が良く天才に……」

神　　「そういう個人の能力や財産については決められないのだ」

住人2「ええ！　では、一体何を決めればいいのですか？」

神　　「決められるのは社会の在り方や、ルールや法律だけなのだ」

住人３「そうすると、白い肌に生まれるのか、黒い肌に生まれるのか、男に生まれるのか、女に生まれるのか……」
住人４「眼が見えるのか、見えないのか、耳が聞こえるのか、聞こえないのか……」
住人５「金持ちの後継ぎとして生まれるのか、貧乏な家の子として生まれるのか、平和な土地に生まれるのか、紛争の地に生まれるのか……」
神「そういう生まれる家庭や場所、立場は決められないのだ」
住人達「……」
神「この会議では、君たちが出した結論どおりに、ルールや決まりが社会に適応されることを約束しよう。それでは、話し合いを始めようではないか」

（参考　ジョン・ロールズ『公正としての正義』）

## ２　この授業の基本姿勢（進歩し続ける生殖医療と利用する者の考え方）

生殖医療。

教材として扱うには、とても重いテーマである。「政府は六日、地方創世の司令塔となる「まち・ひと・しごと創成本部」（本部長・安倍晋三首相）の有識者会議で、一人の女性が生涯に産む子どもの数の推計を示す合計特殊出生率を「一・八程度」に引き上げる目標を掲げた。（日本経済新聞二〇一四年一一月一六日）」この記事で示す合計特殊出生率とは、「一五～四九歳までの女性の年齢別出生率を合計したもの」（厚生労働省HPより）である。この政府の報道を聞き、子どもをもうけられない夫婦が、どれだけ悲しい思いをしたであろう。ところが一方で、人は経済活動を営むものである。総務省統計局によると、日本における高齢者人口は、総人口の二五・〇％に達したとしている（平成二五年九月一五日現在推計）。四人に一人が高齢者なのである。このまま労働者年齢の若者が減り、高齢者が増え続ければ、社会保障制度が成り立たなくなるのである。政府としては、合計特殊出生率を「一・八」と言わざるを得ない立場なのである。

こうした考えを受けると、生殖医療も、通常では妊娠し難い状態を改善したり、人工妊娠のための医療技術の向上も必然となることが窺える。そのような背景も考慮しつつ、四つの教材をとおして、生殖医療について考える。この教材についての答え（正解）はないと筆者は考える。「不妊」が病気かどうかは、「病気」そのものが身体的な病変部にのみ求められるのか、それとも脳で考える精神的な部分にまで広げて考えるのか。一人ひとりが考えるべきことである。それによって、全ての教材は考える価値はあっても、決められた答えはないことに気付くであろう。

しかし、生徒達はこれまで、答えがない道徳の授業を受けてきたことはないので、戸惑うであろう。そこで大切にしたいのは、教師の発問と、各教材文の登場するタイミングである。クラスによっては、全ての教材文に出会う必要はないのかもしれない。またあるクラスによっては、不足している教材や資料を教師が補充する必要があるのかもしれない。

大切なことは、各発問に対する反応が、生徒それぞれ違うということに、生徒達が出会う事である。そして、違いを認めながら、他者の意見を真剣に聞き、問いかけることにより、自己の考えを再構築し、よりよき物へと再び考えて行くことである。

「人間として生きる」ことと真剣に向かい合う機会となるであろう。筆者は、そう願うのである。

## 3　授業の進展段階――本当の親子について段階をふまえながら考える

### ◇第1段階　不妊治療をとおして考える

「不妊」という症状について、「これは病気なのか?」「子どもがいない夫婦は病気を持っているのか?」と問うことから問題を焦点化していく。生徒から「病気ではない」という意見が出てきたら、「病気ではないのに、どうして不妊治療を受ける人はいるのか?」と問い返す。このようにして話し合いを進めていく。

次の質問を生徒に発する前に、世の中の出産可能年齢に該当する夫婦の、妊娠に関わる選択肢（自然妊娠を除く）として、次の①～⑦のパターンで整理してみる。

①子どもは必要ないと考える夫婦
②子どもが欲しいけれど、自然にできないのであれば、あきらめる夫婦
③子どもが欲しくて、病院で治療を受ける夫婦
④子どもが欲しくて、病院で人工授精を選択する夫婦
⑤子どもが欲しくて、体外受精を選択する夫婦
⑥子どもが欲しくて、精子や卵子をドナーから提供してもらう夫婦

⑦子どもが欲しくて、養子縁組を選択する夫婦

さらに、教材文中の図1を中心に「不妊」の原因について紹介し、その克服に向けた医療技術を見ていく。生徒にとっては、まだ先の話かもしれないが、「不妊」に悩む夫婦の割合や、「体外受精」で生まれた子どもの実数について知ることで、身近な話題と感じ、真剣に向き合うことにつながるであろう。日本国内では一九八三年に東北大で初の体外受精児が誕生してから、二〇一二年まで、累計出生児は三四万一七五〇人に達しているのである。(「日本産科婦人科学会　ART データブック」http://plaza.umin.ac.jp/~jsog-art/data.htm, 二〇一五年七月一五日取得)

次に、「君たちが結婚し、愛する人との子どもが欲しくなった時、不妊原因が夫婦のどちらかにあった場合、どのような選択肢まで希望するか」と質問する。その答えは理由とともにワークシートに記入してもらう。人によっては①や②で無理に生む選択をしないものもいるであろう。あるいは、⑤までは選択できると考えるものもいるであろう。少数かもしれないが、⑥や⑦を選択するものもいるかもしれない。

そこから、ワークシートの記入をもとに、意見の交流を行わせる。きっと、⑤と⑥の意見の境目には「遺伝的(血縁・実の親)につながりがあるかないか」という理由が出てくるであろう。また、④や⑤の方法をクラス全体で選択するものがいなかった場合、「補助教材1」を紹介し、「人工授精・体外受精」を選択した夫婦の実際の心情を知ることにより、④や⑤はもとより、⑥や⑦の選択に対しても共感させるようにすることで、他者理解をとおして意見に深まりが出てくるであろう。

【補助教材1】以下の文章は、二〇一四年一〇月二九日にYOMIURIONLINE「発言小町」に投稿された相談への回答である。

http://komachi.yomiuri.co.jp/t/2014/1029/686859.htm?g=05,2015.07.15取得)

●相談者から

『体外受精』二〇一四年一〇月二九日

三六歳で結婚し現在三八歳になりました。不妊治療を始めて一年六ヶ月。先週タイミングから一気に体外治療へステップアップすることに。説明会はまだこれからです。一歩前進と思う反面、なぜ私だけがここまでしないといけないの……。

色々、考えてしまいます。友人達は計画どおりに子供が出来て車を買って家を建てて。私は治療に専念したくて仕事もやめ「少しでも節約しなきゃ。」という毎日。情けなくなります。体外しても一〇〇%ではないし。諦め時もわからない。リセットするたびに落ち込んで、いつまでこんな日が続くのだろう……。

●回答者1

『お気持ちわかります』二〇一四年一〇月三〇日

周囲が簡単に妊娠していくことへの嫉妬や両親に対する申し訳なさ。金銭負担も大きいですし、誰も自分の苦しみなんてわかってくれないと思ってしまいがちになります。私も5年ほど苦しみました。原因不明と言われるほど匙を投げられた感じがして苦しかった。原因がはっきりしてる方が治療の術がある分羨ましいとも。

でもね、体外だろうとなんだろうと出来てしまえばこっちのもの。そして、妊娠安定期に入ってからの気の持ちようが違うように思います。これだけ苦労して授かった。出来なかった日々の精神的苦痛を思えば、出産や育児に関する悩みは母親みんなが経験することだと割り切れるようになります。

自分から望んで苦しい思いをしてでも妊娠したいと大金はたいてでも得た幸せは、他の何にも換え難い幸福ですよ。努力して得た合格や結果は労せず得たそれより嬉しいものでしょ？　欲しくて欲しくて得た宝は、とても大事に思えるもの。今後、他の人より幸せが大きく悩みが少ないだろうと思えば、少しは楽になるかと思います。辛いとは思いますが頑張ってください。

●回答者2

『気持ちがわかります』　二〇一四年一〇月三〇日

通院お疲れ様です。私も二年半のタイミングと人工授精を経て体外に進みました。私ももやもやとしましたよ。通院にかかるお金を数えては、不妊でなければ他の事に使えたな……と考えたり。私より後に結婚した人も次々妊娠。羨ましくて仕方なかったです。どんなに気にしないでおこうと思っても、考えない方が無理ですよ。でも、それで足踏みするのはもったいない。医師には卵巣と子宮があれば、妊娠可能性は絶対ゼロにはならない、しかし年齢による老化は今の医学ではどうしようもない。だから、どんな治療もできるだけ若いうちにした方が良い、と言われました。三〇代と四〇代ではあきらかに妊娠率が違います。私は原因不明で自然妊娠の可能性もあったので、体外をすることに葛藤がありました。しかし、その話を聞いて、年齢がいってから後悔するよりは可能性の高いうちにやれるだけのことはやろう！　と決断しました。結果今子どもをだいています。不安は多いと思いますが、勇気を持って踏み出せば、きっと道は開けますよ。トピ主さんが可愛い赤ちゃんと会えますように、お祈りしてます。

## ◇第2段階　養子縁組をとおして親子関係について考える

生徒達は、第1段階で疑問を残して終了している。「遺伝的（血縁・実の親）につながりがあるかないか」によって、選択が分かれている状態である。ほとんどの生徒が、「遺伝的な親子関係」を境目にしていることが予想される。そこで、教材文2を読み進めることでゆさぶりをかけたい。

教材文2では、遺伝的にまったくつながりがない親子をとりあげている。このように精神的にしっかりとつながりのある関係であっても、遺伝的につながりがなければ親子とは言えないのだろうか。養子縁組（養子縁組には、普通養子縁組と特別養子縁組がある。特別養子縁組とは、養子が実親との関係を断ち切り、養父母の実子と同じ扱いにした縁組のことで、戸籍上も養父と養母の実子扱いになる。関連条文は「民法第八一七条の二」）というつながりが社会的にも認められている現状を知りながら考えさせる。

教材文2を読み進め、話し合うことにより、思考の段階は①から②へと移行していくであろう。そして、教材文3を読み進めることで、③へと思考は移行していくものと考える。思考の段階としては①～③のようになる。

①親子関係は、血のつながり・遺伝的つながりがあるからである

↓

②養子縁組という、まったく遺伝的なつながりがなくても、親子関係は成り立つのだ

↓

③他人の精子や卵子を使うドナー提供を選択することは、必ずしも否定できない

### ◇第3段階　我が子の幸せを願う親とその選択について考える

教材文3を読み、教師から「我が子の将来を考える事は、親として当然ではないか」と問いかけることから話し合いが始まる。生徒のほとんどが、自分の子どもの将来を心配することは、親として当たり前のことだと考えるに違いない。そこで、本教材のジレンマ場面として浮かび上がるのは、「どこまで医療技術を利用することが許されるのか」と発問した時である。生徒たちは教材文2より現在の医療技術、とりわけ生殖医療の先端技術を知っている状態である。次のように整理してみる。

①「出生前診断」については、すでに多くの出産に適応されている技術（広い意味では、産まれる前の子宮内の赤ちゃんの様子を診ること）である。

②「着床前診断」は体外受精により、受精胚を診断し、その中の異常胚を選別する技術である。

ここで、生徒に「②の着床前診断についてどう考えるか」を問う。ここには様々な問題があるが、その中で教師が注意することは、「何を異常とするのか」を問うことである。例えば自然妊娠し、通常の着床により出産に至る受精胚でさえ、異常胚（例えば、体の運動機能が失われる病気が先天的に発症するような場合）として選別されることにつながるからである。もしかすると、先天的な遺伝病（現在ではすでに異常胚として扱われているものもある）をかかえる生徒にとっては、その子が自分自身を否定しないように十分に留意する必要がある（※受精卵は卵子と精子が受精した段階のもの。受精胚は受精卵が複数の細胞に分裂したもの。着床前診断で扱うのは、ほとんどが受精胚である）。

そして、さらに生徒にとって、切実な質問が続く（図3を見せ、あらためて生徒に考えさせる）。「もしも将来親になるとしたら、我が子にはどのような選択をするのか」と問いかけるのである。「もしも、未来の君たち夫婦が、次のような条件で子どもを生みたいと選択（デザイン）した時、A～Dのどれを利用しますか、それとも利用しませんか」

・男の子　　　・身長が高い　　　・優しい性格　　　・足が速い
・お酒に強い　　　・数学が得意　　　・病気になりにくい

といった、項目についての選択を行う。

もちろん、選別（デザイン）せずに自然の形での出産を望むといった考えが多く出るかもしれない。そういった出産で生まれてきた子は将来「君はデザインしてもらわなかったから、今どき身長が低いんだね」とか「デザインしないから数学が苦手なんだね」、「デザインしないから病気になりやすいんだね」などといわれる可能性があることを指摘する。「未来の子どもにそのような負担をかけるのですか」と問うのである。

さらに、B～Dの選択について考えていく。Aの選択はあくまでも実の父母の遺伝子から選択をするので、それほど違和感を覚えないかもしれないが、B～Dについては、他人の遺伝子を利用することが生じてくるのである。しかも、能力を持った精子や卵子を購入することも考慮する必要がある。

「我が子の行く末を案じた親にどこまでの対応が許されるのか」を考えたとしても、おそらく答えは出ないだろう。けれども医療技術としては十分に可能な段階に入っている。このことから考えれば決して他人事ではないため、この事実と向き合い、考え続けることが大切なのである。

このあとは、経済的な負担について検討していく。「補助教材2、3」では、医療技術にかかる経費を紹介することにより、誰もが安易に選択できない事実がわかる。

【補助教材2】

医療技術の発達により、生まれてくる赤ちゃんの健康状態が高い確率で予測できるようになった。「着床《ちゃくしょう》前診断」や「出生《しゅっしょう》前診断」がそれである。出生前診断とは、羊水穿刺《せんし》や超音波検査などによって、子宮内の胎児の形態的な異常や機能的な異常を把握する、出生前の診断（朝日新聞出版発行『知恵蔵2015』）のことで、分かりやすく言うと、生まれる前に赤ちゃんの病気や奇形の有無を診断することである。

着床前診断とは、「体外受精によって作成したヒト受精胚について、母体内への移植の前に検査し、遺伝病等を発症させる疾患遺伝子の有無等を診断する技術のことである（平成十六年七月、総合技術会議資料四-二「ヒト胚の取扱いに関する基本的考え方」）。これもわかりやすく言うと、病気がなく、健康に育つ胚のみを着床させる診断である。

顕微鏡下で精子と卵子を受精させ、ヒト受精胚となったもののうち、疾患遺伝子を持たない胚は着床へと生かされ、それ以外の胚は廃棄される。この廃棄される受精胚の中には、これまでの自然妊娠・出産の場合には、通常の出産へと進むものが含まれており、「着床前診断は命の選別をしているのではないか」という声が上がっている。その一方で、医療技術が進んだ今、その技術を駆使し、我が子の将来を考えたとき、重い遺伝病になる可能性や、疾患を取り除いてあげるのは親として当然ではないか。という声も上がっている。

【補助教材3】

不妊治療における医療費を紹介する。『週刊東洋経済』（二〇一二年七月二一日号「みんな不妊に悩んでる」）によれば、

・体外受精は一回当たりのコストは、二十～五十万円で、妊娠率は三十～四十五％である。
・通常の体外受精で受精しない場合は、顕微鏡を用いた受精方法により、精子を確実に卵子の細胞質内に注入する方法を行う。四～五回行えば、八割ぐらいは妊娠できる。その際のコストは八十～二百五十万円である。

以上が、現在行われている「体外受精」のおおよその値段（国や自治体によって補助金制度もある）である。デザイナー・ベビーの場合は、これに加えて、ドナーから精子や卵子を購入する費用も掛かる。さらに、様々な条件（希望）が増えれば増えるほど検査項目は増え、値段は高くなる。さらに受精した受精卵の中から、希望により近いものを選別する作業が加われば、さらに高額になる。

### ◇第4段階　教材文4　公正・公平な社会を作り出す話し合い

第3段階の最後で、経済的格差が医療技術を受けられる者と、受けられない者とを区別してしまう現実に出会わせている。人の生命・容姿・能力までもが経済格差によって差が生じてしまう恐れがあることに向かい合わせる。

そこで、アメリカの哲学者ロールズの考えをもとに、筆者が作成した教材文を読み、例えば全員を一旦平等な状態におき、そこから「公正で公平な社会」について考えさせる。

生徒らは自分の身体的な欠点や、家庭の経済状況、学習能力等を把握できる年齢になっている。自分自身の努力ではどうにもならない生まれつきの格差や不公平を感じているのである。生徒らの心の内を覗いてみると、きっとこのような心の叫びが聞こえるはずだ。

「なぜ、このような格差があるのか、人は公平で誰もが幸せになれるのではないのか、それはきっときれいごとなんだ。将来について考えると、とても不安だ。」

この教材文を用いるときに、ジレンマが生じるのは、公平という理想と、公平ではない現実とを対比した時である。それに加えて、各々の性格や能力、満足する度合い、妥協点の違いというものもある。物事に真面目に根気強く取り組む者と、さぼりがちになる者。あるいは、処理能力が高く、数多くこなす者と、たどたどしくゆっくりで数少なくこなす者。この差はどう考えればいいのか。あるいは、部活動で熱心に練習した者が勝ったり、レギュラーの座を獲得したりすることは、格差なのか。努力した者が損をするのはおかしい事だとは思うが、結局能力が高い者が勝利者となり、幸せになるのだから、何が公平で公正なのか分からない。このようなジレンマが生じるのである。

この教材文の価値は、現実世界のしがらみから一旦解放され、自由に思考できる状態になれるところにある。この自由な立場で、現実社会を俯瞰し、不公平を正す話し合いを行わせるのである。これまでの教材文1・2・3を通じて、クラスの全員が同じ価値観や考えを持っているのではない事を分かっている状態で展開するので、それぞれの意見を理由とともに主張し、交流させ、よりよき考えを個人ごとに考えていければよいと筆者は考える。これまでの教材文と同様に、この教材についても答えはない。さらに授業後に考え続けて行くように教師は余韻を残して授業を進めて欲しいと考える。

そこで、「教材文4」を扱って行う授業の進め方を次のように提案する。

最初に、教師は、教材文をいきなり読ませるのではなく、「もしも生まれ変わることができるのなら、どのような人に生まれ変わりたいですか?」などと、理想を語らせることから始める。理想を語ることは、自分の願望を述べる事であり、裏返せば自分の弱点やコンプレックスを語ることにつながる。架空の設定に生徒を引きつけ、授業に集中させる導入を行う。次に、教材文を読ませる。教師が範読してもいい。その後生徒にもう一度ゆっくりと理解を促す為に、一人で読むように指示する。全員が読み終えた後で、考えるポイントを3点に絞らせる。ポイントは、

① どういう社会にすれば、困ることなく平穏無事に生きられるのかを考える。

② あの世の住人たちが出した結論通りのルールや法、しきたりの世の中になる。

③ ひとりひとりがどんな立場や状態で生まれるのかは決められない。

この3点について、まずは個人で考えさせる。考える視点として、「例えば、どのように生まれたら困ると思いますか?」と聞いてみる。そうすると、生徒は「目が見えない状態で生まれたり、食べ物が不足している地域に生まれたりした時に困ります。」などと回答する。そこで、「そういう状態で生まれたときでも困らないようにするルールを考えてみてください」などと考える視点を与えるのである。個人的にいくつか考えを持たせたうえで、グループ活動に入る。

グループでは、個人の意見をまずは発表させる。そこで、他人の意見を聞き考えを広めていく活動をする。その後、いくつかルールづくりや決まりについてまとめさせる。時間があったら、各グループに発表をさせ、疑問点・矛盾点を浮き彫りにする。例えば、「食料については、全て配給制にすればいいし、給料も全員同

じにすれば格差がなくなる」といった意見が出されたとする。すると、他の生徒からは、「食料を作っている人は苦労して作って、配給される人は苦労をせずに食べられるのは不公平ではないのか」などと、指摘が入るだろう。ここでは、考えるヒントを与えて終了する。授業展開の一例として、次のA～Eのパターンを紹介する。

A　人種・民族・性別・家柄・障害についての格差を、生まれてから働くことが可能になる年齢までの間は、公的機関で補正される仕組みを考える。

B　←同じ条件の下で行われる競争は、公正な競争であることを話し合いで決める。

C　←結果のみで争う競争的な社会では、個人の能力差によって大きな経済的格差が生まれてしまうことを承諾する。

D　←競争的な社会では、ハンディキャップを背負った障碍者たちは、不遇な立場に追い込まれることを確認する。

E　←公正な状態で努力しているにもかかわらず、結果を出せずに格差が生じた者を救うシステムやルールをクラス全体で考える。

話し合いの内容によっては、必ずしも「結果のみで争う競争的な社会」や「格差が生じた者を救うシステム」まで掘り下げなくてもいいと考える。

最後に、クラスで考えたルールを書き上げて終了とする。当然、賛否両論の意見が生徒間に存在するだろう。展開によっては、妥協点を見出せずに終了する場合もあるだろう。そういった展開であったとしても、あるべき公正・公平な社会について、他者の意見を聞き、自らの考えを問い直す活動ができれば、この教材を取り上げた価値は十分あるといえる。最後に感想を書き上げ、今後も考え続けていくように促して、終了となる。

## 4　おわりに——実験授業の結果から

実験授業は、「教材文4」だけを使用して一時間だけおこなった。授業対象は中学校二年生の一クラスであった。もちろんこの授業は、一時間で終えることができるようなものではない。きちんとやろうと思えば、おそらく四時間はかかると考える。授業当日は、初対面の教師と生徒だったので、冒頭でコミュニケーションを図る必要があった。そのため、予定の五十分ではとても足りなかった。　授業者のねらいは、

①教材文を読み、理解させ、

②個人の意見を持たせ、
③グループで考えを出し合い、
④違う意見を取り入れながら自分の考えを再構築する。
⑤そして最後に、再構築した考えを含む全体の感想を書かせる。
というものであった。この⑤の感想は、できれば何時間か、あるいは何日か時間をおいてから記入させたいと考えていた。なぜならば、授業後にどれだけ個人的に考えたか、あるいは友人と語り合い、内省したのかを知りたかったからである。今回の実験授業後に届いた感想を読むと、生徒達は興味深く取り組んでおり、授業後も考え続けていたことが分かった。そのいくつかを紹介する。

《二年女子》

私が死んで天国に行って、生まれ変わる世界の社会の在り方を設定できるとしたら、「人をうらやましがらない」世界にしたい。お金がなくても、障害があっても、自分は自分、人は人と考えられたら争いは起こらないはず。でもそうやって考えられるようになるのは難しい。

子どもの頃から「お国の為に戦え！」と言われ続けた人は、国の為に戦うことが正しいと思い込む。そして、その「正しい」ことを自分の子供や部下などの次の世代に伝えようとする。だから、「人をうらやましがらない」という教えも学校で、一つの教科にしてみるのはどうか。

皆に同じように食品を分け与え、給料を与える制度を某国は採用している。頑張ってもなまけても給料は同じだから、皆なまけてしまって、経済発展が出来ていないと聞いたことがある。だから、企業が競い合うのは良い事だけど、働いた分だけ、実績がある分だけ、身分・地位・役職が変わるから、どうしても人々の間に差ができてしまう。そうなると、「うらやましい」という気持ちがうまれやすい。上司からバカにされたり、責任を押し付けられたりしたらくやしい。くやしさをバネに再び頑張れるならば言う事はないが、それが原因で争いが起きることは十分ある。前者（平等主義）よりは、とても良いけれど、ここから差別の連鎖が始まるかもしれない。

実力で人を区別することと、実力で人を差別することは、紙一重だと思う。

先に書いたように、上司や自分より上に立つ者が差別的な言葉で、下の者を打ち付けるのは、その上司が自分に満足していなくて、余裕がないからだ。それを防ぐためには、最初に述べたように「人をうらやましがらない」ことが必要だ。だから、私の政策は正しいと思う。

ただ一つ、私の中で問題なのは、その自分に満足した人間が更なる高みを目指し、社会に貢献するのかということだ。この問題は（私の性格がねじ曲がっているだけかもしれませんが）、私の理想の世界にいたら該当してしまうと思うのだ。私はこれからもこの問題について考えたい。

《二年男子》

私がこの授業で、自分達が生まれ変わる社会をつくる、ということでまず考えたのは、全て平等にして、思考のレベルや運動能力も、何もかも同じにしてしまえば良いのではないか、ということです。でも、それでは人間ではなくて機械のようなものではないか、逆に不幸な世界になってしまうのではないかな、と思いました。

結局は、自分自身が経済や政治のことなどそこまで知っていないので、今の社会を基に、強い人が弱い人を助けるようにする、ということしか考え付きませんでした。でも、それだけで本当に幸せな世界になるのか……と思います。

自分だったら、最後に黒板に貼られた絵のように、みんなが笑顔で納得して和解し、生まれ変わるということは、できないかもしれない、と思いました。

《二年女子》

「みんなが平等になるには?」を考えた時、私が一番最初に思ったのは、誰もが幸せになることは無理なのではないかという事である。クラスのみんなが「平等になるためのルール」を発表していたが、それでは平等になっていないと思った。例えば、「病院をただにする」これは受ける方にとっては良い事だけど、働く人にとっては、お金がもらえないわけで……。だからといって、国からお金をもらうことを続けていても、その国のお金は無くならないわけじゃないんだからダメだと思う。

だから、平等っていうのは誰かが何かをがまんしないと起こらないものだと思う。これは平等だと言えるのか?(人は自分が一番得したいと思うもの)

この授業を受ける前までは、こんな事考えたことはなかった。それは今、自分が幸せだからだと思う。

ということは、自分の知らない所で誰かが苦しんでいるという事だ。そのことを頭に入れながら、これからを生きていきたいと思った。そして、私も支える側になりたいと思った。

**参考文献**

遠藤直哉『危機にある生殖医療への提言 ジェンダーバラエティー　着床前診断　精子卵子提供　代理出産』（近代文芸社、二〇〇四）

小林亜津子『生殖医療はヒトを幸せにするのか　生命倫理から考える』（光文社新書、二〇一四）

非配偶者間人工授精で生まれた人の自助グループ・長沖暁子『ＡＩＤで生まれるということ　精子提供で生まれた子どもたちの声』（萬書房、二〇一四）

ジョン・ロールズ『公正・公平としての正義』（木鐸社、一九七九）

ジョン・ロールズ『正義論　改訂版』（川本隆史、福間聡、神島裕子訳、紀伊國屋書店、二〇一〇）

# 第4章　動物とロボット、人間とロボットの境界を考える授業

――動物やロボットに意思を投影することに着目して――

## 1　教材について

はじめに、本章の問題意識を示すために、以前、ある小学校で行われた「大造じいさんとガン」（椋鳩十作、光村図書五年国語教科書所収）の研究授業を参観したときのエピソードを紹介したい。撃たれそうになりながらも凛とした姿で立っていた残雪（ガン）に、大造じいさんが感動し、残雪を撃たずに傷が癒えるまで保護し、その後解き放つという最後の場面を扱った授業である。

大造じいさんは、今度出会うときは正々堂々と戦おう、といって残雪を解き放つ。一般的には、清々しささえ覚える両者の「ライバル関係」に感動する場面だろう。だが、この部分がとりあげられたとき、教卓の目の前の席で、授業開始からずっと教師の授業の邪魔になるようなことをしていた子が、「結局大造じいさんが卑怯なだけじゃん」とつぶやいたのである。

残念ながら、この子の授業中の挙動に少し呆れていた教師は、この発言を拾わずに授業を進めてしまった。しかし、この発言は、この作品に存在する人間中心主義的なものの見方への気づきを示しているともいえる。大造じいさんは再び残雪と「堂々と」戦おうといっているにも関わらず、彼は銃という武器をもっているわけで、「堂々と」どころか、残雪が持っていない銃を持って、初手から優位に立って戦いを進めることができてしまう。そして、「次は堂々と戦おう」というメッセージに、残雪が同意してくれるということを、大造じいさんは自明のこととしている。このことに気がついたからこそ、この子は、「結局大造じいさんが卑怯」といったのではなかろうか。

残雪のような動物に対して、私たち人間は大造じいさんのように意思を投影する。先に挙げた、撃たれそうになった残雪の「凛とした」様子も、当の残雪の意思ではなく、大造じいさんが投影した残雪の意思である。今日においても、家でペットを飼っている人は、自分の意思をペットに投影して「コミュニケーション」をとっている。

本章で行うのは、このように、人間が、意思をもたない、あるいは人間がその意思を把握することができない「もの」に対して、意思を投影しながら生きていることを意識化する授業の提案である。この授業から、学習者は、人間と、「もの」に人間が意思を投影することによって、生きている動物とロボット、さらには、人間とロボットの境界が溶解し、両者が同一視される時代がやってくることを自覚することになる。そして、そうした時代を生きていく上で私たちが抱える問題を考える、あるいは、考え続けなければならないことを認識するきっかけとしてもらいたいと考えている。

ここで、あえて「もの」という言葉を用いたのはなぜか。それは、こうした問題を考えるとき、これからの時代、私たちが意思を投影しながら関わりをもつのは「動物」とは限らないからである。たとえば、ロボットはどうだろう。いまや、私たちは犬ではなく、「イヌ型ロボット」をペットにしている。したがって、私たちは、動物だけではなく、ロボットも含めて、この問題を考える必要があるし、あるいは、人間と動物、ロボットの三項の関係を比較しながら考えていく必要がある。そのために、次のような教材を用いることを提案してみたい。

教材文1——国語教科書の説明文

「生き物はつながりの中に」（中村桂子、光村図書小学校六年国語教科書所収）

〔要旨〕イヌ型ロボットと本物のイヌの比較考察を行うことで、生き物の特徴を見出し、さまざまなつながりのなかで生き物が存在するということを自覚することで、生き物として生きているということの素晴らしさを説いている。たとえば、食べ物を採り入れて自分の身体の一部にして成長するイヌ、そうした変化や成長がないロボットという関係、あるいは、母イヌから生まれる本物のイヌに対して、そうした生命の歴史の存在しないロボットのイヌ、という関係が論じられている。中村桂子は、イヌ型ロボットと本物のイヌとは、姿かたちは似ていても、以上のような点で異なるのだと述べている。

全体で四ページ程度の、分量の短い説明文である。だから、この説明文が掲載されている小学校高学年で授業することも可能であるし、中学校以上で授業することを想定することもできよう。

中村桂子は「生きている」ということは、成長や発達をすること、あるいは歴史性が存在するということだと捉えている。その意味で動物は「生きている」のだが、ロボットは成長もしなければ、母から生まれてくるような「生命の歴史」もない。だとすれば、ロボットが「生きている」とはとてもいえない、ということになるだろう。

しかしながら、私たちは、先述のように、ロボットに意思を投影して「生きている」もののように捉えることがある。この説明文で中村桂子の述べているように、ロボットには「成長もない」し、「歴史」もないのか。この問題から授業を始めたい。

**教材文2――イヌ型ロボットで実際に遊ぶ**
**「Hello! Zoomer」（タカラトミーから発売されているロボット）**
〔主な機能〕イヌ型ロボットといえば、SONYから発売されていた「AIBO」が有名だが、最近AIBOほどの「成長」機能はないが、人間の声に反応したり、胸部赤外線センサーにより、人間の手の動きに反応したりするイヌ型ロボット「ズーマー」が発売された。ズーマーは、何種類かの定型の声かけに対して、決まった反応をするようになっている。充電が切れる前後は「機嫌が悪く」なり、人間の声にあまりうまく反応しなくなる。

本物のイヌは、私たちがそこから「生命の歴史」を感じ「生きている」ということがどういうことかを意識化できる。だから、飼うことに意味がある。他方イヌ型ロボットを飼ってもそうしたことを意識化できない。中村桂子にいわせればこういうことになる。そうなると、飼うのは本物のイヌのほうがよい、ということになる。

けれども、私たちは、いまや動物とロボットを区別せずに「飼って」いるようにも思える。かつては値段が高くて手が届かなかったイヌ型ロボットは、今回とりあげた「ズーマー」であれば、一万二千円くらいで手に入る。子どもも気軽にイヌ型ロボットを「ペット」にできる時代がやってきたのである。いわば、ロボットもペットも変わらないのだ。

動物をペットとして飼うことと、こうしたイヌ型ロボットをペットとして飼うことの重なりとずれを、実際に手にとってもらって考えてもらいたい。

**教材文3——ロボットを蹴るのはかわいそう？**

**「Ｓｐｏｔ」（Boston Dynamics が開発した四足歩行ロボット）**

〔Ｓｐｏｔの説明と具体的に用いる映像など〕Boston Dynamics 社は、「Ｓｐｏｔ」という四足歩行ロボットを開発した。二〇一五年二月一〇日のあるメディアニュースの記事によると、同社がＳｐｏｔの動画を公開したと報じている（ＩＴメディアニュース「Boston Dynamics、足蹴にしても踏ん張る犬型ロボット「Ｓｐｏｔ」」）。Youtube に公開されている動画を観てみると（https://www.youtube.com/watch?v=5RKkoHPZy14）、途中同社の社員が、Ｓｐｏｔが以下に頑丈であるかを示すために、Ｓｐｏｔに蹴りを入れて倒そうとする場面が入っている。この動画の最後には、「この動画を製作するにあたっていかなるロボット虐待も行っていない」という告知文が出るが、こうした内容を批判するコメントもでている。

いうまでもなく、ロボットには「生命」がない。だから、ロボットには感情もなければ、痛みなどを感じるということもない。そのことは私たちも十分分かっている。にもかかわらず、上記の「Ｓｐｏｔ」を人間が蹴って倒そうとする映像を実際に見てみると、多くの人々が「Ｓｐｏｔ」を「かわいそう」だと思ってしまう。なぜだろうか。

また、時間に余裕があれば、次のニュースも教材になり得る。最近、茨城県ひたちなか市の国営ひたち海浜公園で、公園一面に咲く青いネモフィラの花が、ゴールデンウィーク中に訪れた客によって踏み荒らされてしまったと報じられた。Ｗｅｂ上のニュース記事は時間が経っているので見られないものが多いが、検索すれば踏み荒らされたネモフィラの画像を見ることができる。
こうした踏み荒らされた花を見ても、多くの人々が「花がかわいそう」という感想を漏らすだろう。なぜ私たちは「かわいそう」だと思うのだろうか。

**教材文4——「本物」って何だろう?**
**映画『クレヨンしんちゃん　逆襲のロボとーちゃん』(二〇一四年四月公開作品)**
〔作品のあらすじ〕ギックリ腰で腰を痛めたしんのすけの父・ひろしは、謎の美女に連れられ、マッサージも兼ねてエステの無料体験を受けることになった。しかし、エステを終えて家に着いたひろしの体は、ロボットに改造されてしまっていた。ひろしは、自分の体がロボットになった原因はエステサロンであったことに気づく。それは、邪険に扱われる、日本の弱い父親達の復権を企てる『父ゆれ同盟』の恐るべき陰謀だったのである。崩壊寸前のカスカベを前に、ロボットになったひろし=ロボとーちゃんが、しんのすけと共に立ち上がる。

先の教材文1のなかで、中村桂子は、「本物のイヌ」と「イヌ型ロボット」と、両者を区別していた。このことから、動物のイヌは「本物」で、イヌ型ロボットは、本物ではないと考えていることがわかる。だが、ズーマーやSpotのケースを考察すれば、動物と同様に、人間はロボットにも意思を投影できるということをもってすれば、イヌ型ロボットも「本物」だといえるのではないだろうか。

## 2　いま、人間とロボットの関わりを考える意義

この授業は、人間がある種の「もの」に対して意思を投影して生きているということを意識化し、それと向き合うことが目標である。動物をペットとして飼うという営為において、人間がペットに意思を投影することはその代表的なケースである。しかしながら、最近は動物だけではなく、ロボットもそれと同等に位置づけて、意思を投影している状況が存在している。現在では「人間」と「ロボット」のあいだには境界があるように思われるが、いずれさらにテクノロジーが発展すれば、両者のあいだの境界は消失する可能性もある。

ロボット工学が専門の石黒浩は、「人工物に人間らしさを見出し、境界なく受け入れる人は出てくるでしょうね。それとともに人間の定義も変わっていく。機械が人間の肉体労働をすべてやるようになれば、人間は肉体では定義できなくなる」（石黒浩「ロボットの進化がもたらす「人間とは何か」の再定義」『月刊ボス』第三〇巻第八号、二〇一五、九頁）と述べている。

また、哲学者の永井均は、主人公の少年翔太がさまざまな問題を哲学していく物語仕立ての哲学書に次のような台詞を入れている。「ぼくたちがロボットをぼくたちの仲間に入れて、ぼくたち扱いしさえすれば、そのとたんにロボットにも心や意識が生じるってことになるみたいだけど」（永井均『翔太と猫のインサイトの夏休み：哲学的諸問題へのいざない』ちくま学芸文庫、二〇〇七、八六頁）。これは、人間とロボットが同一視される可能性を予見したものである。

この授業は、こうした、人間とロボットの関係が抱える不可避的な課題を見据えたものである。多くの場合、ペットの話題が出てくる授業は、動物愛護や動物の保護などがテーマとなっている。そして「動物も人間と同じ生き物だから大切にしよう」という教訓が結論として提示されるように思われる。しかしながら、この授業は、そうした規範意識の押しつけをめざすものではない。

なぜ人間は、動物を愛するのか。さらには、その動物とロボットをある意味同一視するに至ったのは、あるいは正確にいえば、「至ることができた」のは、なぜなのか。この授業では、「人間が意思を投影する」ということに焦点を当てて、このことを突き詰めてみたい。また、この授業では、「動物愛護」に止まらず、むしろその先にある今日的、あるいは将来の人間が抱える大きな課題となる、人間とロボットとの関わりについて、考察を深めることになるだろう。

とりわけ、人間とロボットの関わりについて考えたい理由は次の二つである。まず、最近テレビ番組でこの問題が多く特集されているためである。いわゆる「ホットな話題」ということである。もう一つは、先の石黒の発言もそうだが、人間とロボットの境界が曖昧になった時代が抱える問題が問われるということが多くなってきたからである。

たとえば、テレビで特集された問題として知られているのは、二〇〇六年に生産終了していた「AIBO」の修理窓口の閉鎖（二〇一四年三月）をめぐる動きである。思い入れのある、故障したAIBOを何とか修理できないか奔走する人々、あるいは、結局修理できなかったAIBOの「合同葬」を行う人々が取り上げられた（NHK総合「ハートネットTV　ロボットより愛を込めて」初回放送二〇一五年二月二六日）。

このケースから、ロボットであるＡＩＢＯに、そのオーナーが動物のペットと同じような深い愛着をもっていることがわかる。これに加えて、今後は先の石黒の指摘のように、人間とロボットの区分が曖昧になるという問題も出てくる。次の劇作家・演出家である平田オリザが挙げるケースは、この問題が、人間の将来に関わる大きな分かれ道になることを示している。

子どもに先立たれた夫妻がわが子そっくりのアンドロイドを手に入れられたとして、そのアンドロイドが強盗に襲われて危機的状況になった。するとそれを見た夫妻が割って入り、結果その強盗を殺してしまった。そのとき、この夫妻に正当防衛は成立するだろうか。

平田はこの問いを中学生に投げかけて議論してもらったという。あくまで「ロボット」はモノなのだから、正当防衛は成立しない、と応じた生徒に対して、平田は、じゃあ、これがアンドロイドじゃなくてペットだったらどうなるかと問いかけている（平田オリザ「アンドロイドと共に生きる」岩波書店編集部編『これからどうする？――未来のつくり方』岩波書店、二〇一三）。

こうしたケースを見てみると、単に、動物やロボットを大切にしようというメッセージを打ち出していくというだけでは、これからの時代に適切に「判断」する力を養うということは、まったくできないだろう。この授業は、動物愛護やものを大切にする心を養おうという「規範」の押しつけをするのではない。どうして私たちが「もの」を大切にしようとするのか。その根源を探ることによって、私たちの自明視していた考え方を相対化しようということである。

なお、文化人類学の立場からロボットと人間の関わりについて検討している久保明教は、ＡＩＢＯのオーナーのなかには、動物のペットとAIBOを異なるものだと認識している人もいると述べている（久保明教『ロボットの人類学――二〇世紀日本の機械と人間』世界思想社、二〇一五、二一六頁）。

久保は、「ペット型ロボット」という存在が、従来存在していた動物のペットという部分的に重なり合うものとして出現したことで、既存の（動物のペットが位置づけられていた）ネットワークのなかにAIBOを組み込むことが可能になったという。そのうえで、ペット型ロボットというハイブリッドな存在が、「いまだ見ぬ未来の到来がそのまま慣れ親しんだ過去への回帰でもあるような、近代的であると同時に親和的な時間性を生み出す」（前掲書、二三二頁）と述べている。AIBOは動物のペットのようにエサを食べて成長するわけではない。しかし、階段を認識できずに転倒するなど、心配でずっと様子を見ていたくなるという点においては、両者は重なり合う。その重なりが、AIBOを単なる目新しいものではなく、動物のペットが位置づいていたネットワークの中に、うまく入り込むことが可能になったということである。

## 3　授業の進展段階――リミナルな存在としてのロボットと動物、そして人間を考える

では、こうした授業をどのように具体的に展開するかを、先述の四つの教材を用いてどのように学習者に考えてもらうかを論じることで、考えてみよう。

この授業は、人間がモノいわぬ存在に意思を投影するという点では、実は生きているイヌもイヌ型ロボットも同じであって、人間にとってはどちらも「本物」なのである。イヌ型ロボットが壊れて動かなくなった

ときに「合同葬」を行ったり、ロボットが人間に蹴られて倒されると「かわいそう」と感じたりするということは、かような認識が成立しつつある証左であるということもできる。

そうであるならば、最初の教材である中村桂子の「生き物はつながりの中に」が論じていることには、いくつかの問いを立てることが可能であろう。

生き物は、外の世界とつながり、一つの固体としてつながり、長い時間の中で過去の生き物とつながるというように、さまざまなつながりの中で生きていることが分かりました。このつながりこそが、生き物の生き物らしいところであり、ロボットとのちがいです。／あなたは、今日もあなたであり、明日もあなたであり続ける、たった一つのかけがいのない存在です。と同時に、あなたは過去の全てとつながり、未来へもつながっていく存在なのです。（中村桂子「生き物はつながりの中に」『国語　六』光村図書、二〇一六、二二九頁）

中村は教材文１の結論部でこのように述べており、ロボットを「生き物」とは捉えられないと論じている。しかし、ＡＩＢＯの葬儀を行った人々は、ＡＩＢＯというイヌ型ロボットにも、動物とは異なる「つながり」を見出していたのではないだろうか。中村の文章が、動物とロボットの境界が最後までなくなることがないと前提している点には、学習者からの疑義が入るのではないだろうか。この教材文１に対する意見を発表するところから、授業を始めればよいのではなかろうか。

◇**第1段階　教材文1を読んで話し合い、中村の結論に対し意見をまとめて発表する。**

あくまで「教室」での、しかも「道徳」の時間の話し合いである。多くの場合、動物を愛することは、私が「生きている」ことを感じるきっかけになるのだということに、多くの学習者が同意して終わるのではないだろうか。

もちろん、実際にAIBOやズーマーなどの「イヌ型ロボット」を所有した経験のある人であれば、先述のような「批判的」な問いが出てくるかもしれないが、その時は学習者の問いを拾って第2段階で行うことを先取りして考えてもよいし、最後までそうした問いがでてこなければ、第2段階で実際にズーマーを見せるまで、問いを立てるのは待ってもよいだろう。

また、実際にイヌを飼っている、あるいは飼った経験のある人からは、次のような意見も出てくるかもしれない。イヌ型ロボットは、私たちが動物のイヌを「愛して」飼うまでに抱えなければならない問題のいくつかをクリアしてくれることを積極的に捉えるものである。その問題とは、とくに大型の動物を室内で飼うケースに見られることである。室内で動物を飼って一緒に暮らす場合、トイレのしつけなど、いくつかトレーニングを行わなければならない。室内で飼う場合は、室外で飼う場合以上に、多くのトレーニングが必要だろう。

その過程で、力の強い大型犬などを相手にする場合は、その動物を蹴るなどの厳しいしつけが必要になる。また、これは室外でも同様だが、オスであれば、必要に応じて去勢手術が必要になるだろう。このように、私たちが動物を「愛して」飼うまでには、残酷とも思えるような仕打ちが必要になる。いくら「生きている」ことを感じるためとはいえ、こうしたことを動物にしたうえで、人間が「癒される」というのは、人間にとっても、非常に複雑なことではないか。

けれども「イヌ型ロボット」は、こうしたしつけを省略することができる。人間が動物と暮らすために不可避な「暴力的」なしつけをしないで済むのであれば、「イヌ型ロボット」を飼えばよい。イヌでも「イヌ型ロボット」でも、同じように、人間を癒してくれるのであれば、しつけが省略できるイヌ型ロボットのほうがよいともいえる。しつけの中で人間や動物が傷つかなくても済むからだ。こうした、「イヌ型ロボット」を飼うプラスの側面についての意見も、提出される可能性は十分にあるだろう。

**◇第2段階　イヌ型ロボットで実際に遊んでみて、動物もロボットもある意味で同一視している状況があることに気づく。**

実は筆者自身、本章を執筆している段階で、ズーマーを実際に購入し、遊んでいる。確かに反応する言葉は限られ、「成長」するわけではない。しかしながら、筆者は、ズーマーがその言葉の通りに反応してくれれば喜ぶし、まったく想定外の反応をされれば残念がる。あるいはランダムに動くように設定すれば自由に動き回るので、それを見て楽しんでもいる。

仮に筆者が授業者なら、授業でこうした自己の経験を紹介しながら、「先生はズーマーがもし壊れて（死んで）しまったら、ショックで何日か休んでしまうかもしれないけれど、みんなはどうかなあ?」と聞いてみたい。

この授業は、ある意味で教材文1に対する批判的な視点を獲得してもらい、動物とロボットを同一視することがあり得るということに気づいてもらうのが主眼である。この気づきは、自己の相対化の第一歩となるだろう。

第1段階では、中村の文章のメッセージからも、生き物のイヌとイヌ型ロボットを明確に区別する学習者が多いと予想される。そこに、生き物と同じようにロボットに接して愛着をもってしまっている教師のすがたが示されることは、学習者には非常に奇異に映るかもしれないが、同時に、自分の意識を問い直す契機ともなる。

なお、これはこの段階か、展開によっては第3段階に移してもよいと思われるが、先述の、AIBOの「合同葬」を行う人々をとりあげた記事やテレビ番組を録画したものがあれば、それを観てみてもよい。単純に考えれば、AIBOが壊れたのは機械の寿命が来ただけである。にもかかわらず、サポート期間が終わっても修理しようと必死になったり、修理の可能性がなくなったときに、「成仏」させようとしたりする人々がいるのは、なぜなのだろうか。

ズーマーの問題から延長させて、こうした問題を考えてみるのもよいだろう。

**◇第3段階　ロボットに意思を投影するのは、どういうときかを考える。**

以上のように、今日においては中村の文章の内容とは異なり、動物とロボットを同一視する状況があることは、学習者も認識できたのではないかと思われる。では、なぜ私たちは、生き物でないロボットにも、愛情を注ぐのだろうか。第3段階では、この問題を議論してみたい。

そこで、次の教材として、教材3のSpotが蹴られて倒れるところが映された動画を示してみることにしよう。Spotは四足歩行ロボットであるので、外見は動物に似ている。Spotは動画の途中でその強靭さを示すために横から蹴られて倒れそうになってしまう。すぐに持ち直して再び走りだすのだが、いかにも「虐待」を受けているような画で、あまり見ていて気持ちの良いものではない（と筆者は思った）。

教室ではこの公開されている動画を見せて、この蹴られて倒れそうになるSpotを見て、どう思うかを聞いてみたい。恐らく多くの学習者は「かわいそう」と答えるのではないかと推測される。そこで教師から、「別にSpotは生きているわけではないから、蹴られても痛みを感じないと思うけど、なぜ『かわいそう』だと思ったの？」と尋ねてみよう。

学習者の反応としては、「動物に似ているから、本物の動物が蹴られているように思えた」「自分も蹴られたら痛いと思うから」「ロボットであっても大切にしないとだめだから」などといったものが予想できる。確かに、動物に類似した外見をしていれば、Spotが蹴られているところを見ていると、本物の動物が蹴られた画を想像して、「かわいそう」だと思うのかもしれない。

ズーマーやAIBOに私たちが愛情を注ぐのも、その理由として真っ先に出てくるのは、「ズーマーやAIBOはイヌの形をしているから」という意見だろう。これも確かにそうであろう。しかしながら、次のケースをふまえると、動物の外見に似ているということだけが、ロボットへの愛着につながるというわけではないことがわかる。

筆者の、ある教え子の自宅には、いわゆる「ロボット掃除機」があるのだが、教え子の祖母は掃除をしているロボット掃除機に「そっちじゃないでしょ」などと話しかけることがあるという。ペットに話しかけるのと同じように、掃除機に話しかけるというのは、どういうことなのだろうか。ロボット掃除機の外見は、円形であり、どの動物とも似ても似つかない。

だが、最近、SHARPが発売したロボット掃除機、「COCOROBO」は、一部の機種にコミュニケーション機能がついている。人間が話しかけると反応してくれたり、朝起きると「おはよう」と挨拶してくれたりするらしい。さらには、「昨日は二〇分掃除したよ！」などと、前の日の清掃の成果も語ってくれる。また、限定バージョンで、声優が声を吹き込んで自分の妹が反応してくれるような感じを与えてくれたり、映画『黒執事』とコラボして、映画の登場人物の声が吹き込まれていたりする製品もあった（現在は販売していない）。

こうした製品が登場するということは、私たちがロボット掃除機にも話しかける（可能性がある）ということをメーカー側が察知しているからだろう。ではなぜ、動物の外見とは異なるロボット掃除機にまで意思を投影して、「コミュニケーション」をとろうとするのであろうか。外見を理由にして、ロボットにも動物と同じように人間の意思を投影するという応答が出てきたら、こうした質問をして深めてみたい。

生きている動物、AIBO、ズーマー、Spot、ロボット掃除機、これらに重なり合う要素は、どんなものであろうか。一つ思い浮かぶのは、いずれも人間の思い通りにならない、ランダムに動くものだということだろう。生き物は訓練されている場合は別にして、人間の思い通りには動かないし、Spotは厳密にはコントロールされていると思われるが、公開されている動画上でははっきりそのことはわからない。

ＡＩＢＯやズーマーも特定の言葉に対して決まった反応をするようプログラムされているが、うまく音声を聞き取れないこともあるし、ランダムに活動することもある。ロボット掃除機も、オートモードにすれば、センサーで障害物などを感知しながらランダムに動くものである。

そうだとすると、一つの仮説が成り立つだろう。すなわち、人間の思い通りにならない、ランダムに動く「もの」に、人間は意思を投影することが多い（しやすい）ということである。ランダムに動く「もの」は、思い通りにならないので、最終的には「コミュニケーション」が成立しない。自分の思いが届かないという意味で、これらの「もの」は、絶対的な他者性を帯びることになる。この他者性が、意思を投影する重要な要素になっているのではないだろうか。

たとえば、いま流行りのドローンなどのラジコンに、私たちは意思を投影するであろうか。もちろんお金を出して買ったものだから、それなりに大切に思うだろうが、ドローンに意思を投影することはないだろう。それは、コントローラーで操作する「もの」だからではないだろうか。

また、人間の思い通りにならない「もの」に感情を投影するという意味では、先に挙げた、ひたち海浜公園のネモフィラの花に「かわいそう」という感情を抱くのも、同じことかもしれない。花も私たちの思い通りに花を咲かせるわけではない。その意味で花も、人間の思い通りにはいかない他者であるといえるだろう。

哲学者の大森荘蔵は、ロボットに意識があると考えてしまうポイントは、「意識の有無を人に迷わせる」（大森荘蔵『物と心』ちくま学芸文庫、二〇一五、一四四頁）ことにあると述べている。意識がさも「ある」かのようなふるまいをされるからこそ、私たちが意思をロボットに投影してしまう、というのは、いま述べた「ランダムに動く」ということと重なり合うように思われる。

## ◇第4段階　「本物」とは何かを考える――人間とロボットの境界をめぐって

そうだとすれば、私たちは「本物」の定義を再考しなくてはならないはずである。生きているイヌも、イヌ型ロボットも、どちらも、人間が意思を投影してコミュニケーションをとる「もの」としては、「本物」なのだから。

このことを考えさせてくれる映画が、教材4の、人気漫画『クレヨンしんちゃん』の映画版である。同作の映画版は、哲学的な問いを含む作品が多いといわれているが、ここで紹介する『逆襲のロボとーちゃん』は、ロボットと人間の関係から「本物」とは何かを私たちに問うている。

少し物語の展開を紹介しておこう。先に述べたように、しんのすけの父、ひろしがロボットになるという話なのだが、不思議なことに、しんのすけは外見がロボットになってしまったひろしを、普通に「とーちゃん」と呼んで慕っていた。その他の家族はロボひろしを最初は受け入れていなかったのだが、家事や仕事をこなすひろしを見て、次第に打ち解けていくようになる。

「ロボとーちゃん」は、あくまでひろしが改造された姿で、過去の記憶もあるので、からだがロボットになっただけである。そう考えれば、このとーちゃんは「本物」であろう。

しかしながら、物語はそれで終わらない。実はロボとーちゃんは、ひろしが改造されたものではなく、正確には、ロボとーちゃんは、ひろしの記憶が忠実にコピーされた、ひろしとはまったく別個の存在だということが明らかになる。ロボとーちゃんは、いわば、ひろしのクローン的な存在だったのである。

物語が進むと本物のひろしも登場するので、このことが明らかになるのだが、ロボとーちゃん自身はひろしの記憶をもっているので、自分は「本物」だと認識している。にもかかわらず、ひろしの妻、みさえが危機から救われたときに駆け寄ったのは、自分を救ってくれたロボとーちゃんではなく、ひろしであった。このことから、ロボとーちゃんは、自分が「本物ではない」と認識し始めるのである。

第3段階までは、動物とロボットの境界をめぐる議論であったが、この映画版『クレヨンしんちゃん』を経ると、今後の社会のありようを考える上で非常に重要な問題である、人間とロボットの境界をめぐる議論に入っていくことになる。この映画を（部分的にでも）観た後で、次のような発問が考えられるだろう。「しんのすけは、なぜロボとーちゃんを最初から受け入れられたのだろう?」。

この問題を議論してもらった後は、これからの社会で、人間とロボットが同一視されることによって抱える問題の事例として、先にとりあげた、平田オリザの論じた、「正当防衛」の事例を議論してもらうのが、まとめとしてはよいのではないだろうか。アンドロイドのわが子を守るために強盗犯を殺してしまった、という事態が生じたとき、アンドロイドは「人間」としてみなされてもよいのではないだろうか。現行法制を変えなければならないような問題であるが、石黒浩がいうように、早晩私たちはこの問題と向き合わなければならないのである。

## 4　おわりに――人間とテクノロジーの「つきあい」方をめぐって

二〇一五年六月二〇日、ソフトバンクが「Ｐｅｐｐｅｒ」を一般発売し、わずか一分で完売したと報じられた。このロボットは、ソフトウェアをインストールすることによって、人間の感情を読みとって、自ら行動するという。たとえば自分が寂しがっている様子をＰｅｐｐｅｒが読みとると、Ｐｅｐｐｅｒが励ましの言葉をかけてくれるというのである。

Ｐｅｐｐｅｒは、本体価格だけならおよそ二〇万円、ソフトウェアや保険を入れると一〇〇万円必要となる。一〇〇万は確かに高いが、それでも、私たちがこれまでよりは安価に高機能なロボットを入手できる時代が、すでにやってきている。Ｐｅｐｐｅｒは、厳密には「人工知能」というわけではないが、意思の投影どころか、擬似的な「意思」を有するロボットも、登場してきている。

こうした状況を見て、私たちはテクノロジーの進化に驚き、それを賞賛しもするであろうが、こうしたロボットが普及するようになれば、あるいは、人工知能を持ったロボットが活躍するようになれば、書類作成や計算などの単純業務は、人工知能を備えたロボットが人間に取って代わるようになり、多くの人々が失業してしまうといったことも論じられている（松尾豊『人工知能は人間を超えるか――ディープラーニングの先にあるもの』角川ＥＰＵＢ選書、二〇一五、二一八頁）。

こうした内容を扱った授業を構想すると、たいていは、動物の保護やロボットなどを大切にすることなどを訴え、それを学習者に共有させるものになってしまうように思われる。しかし、思考を深める道徳授業では、そもそもなぜ、これらの「もの」を私たちが愛するのか、あるいは、それによってどのような問題がもたらされるのかを、自分自身にとって非常に切実な問題と捉えて考えることが、今後必要になってくるだろう。新しい道徳授業では、こうした問題を多く取り上げるべきである。

たとえば、ロボットの導入に関する倫理的な問題は、もはや「ロボット倫理」という倫理学上の一領域として成立している。こうしたロボット倫理と工学倫理の関わりについて論じた本田康二郎は、日本企業より先に外国企業製のロボット掃除機が発売されたことについて、次のようなエピソードを紹介している。

ある雑誌のインタビューで、パナソニックの技術者は、自社にロボット掃除機を開発する技術がなかったのではなく、安全性が確保できないからだと応えたという。ロボット掃除機を発売するには、ロボットが仏壇にぶつかってろうそくが落ち火事になるなどの事象が発生するリスク、発生した場合の責任問題などを考慮しなければならないのである。

本田は、こうした生産者と消費者の間で利便性とリスクについてのコンセンサスをつくるべきだと述べている（本田康二郎「工学倫理とロボット倫理」南山大学社会倫理研究所『社会と倫理』第二八号、二〇一三、二一頁）。こうした、テクノロジーの発展に伴って（かなり近い未来に）起こりうる問題について、学校教育のなかで知見を深めておく必要があるはずである。起こってから考えるという類いの問題ではないということは、明らかだ。

また、ロボットを幼稚園や小学校に入り込ませるという実践によって、研究者と教室の子どもたち、さらには保護者の相互交流と変容を描いた小池と青山は、ロボットは単に次述的な存在ではなく、社会的な存在なのだという。

それは、彼らが、このフィールドワークによって、「ロボットに何ができるのかは、備えられた機能によって決まるというよりは、関係者との相互交渉の中で決まっていく」（小池星多・青山征彦「デザインにおける越境をめぐって─ロボットをデザインしたのは誰か」香川秀太・青山征彦編『越境する対話と学び──異質な人・組織・コミュニティをつなぐ』新曜社、二〇一五、二三〇頁）ことを実感したことによる。私たちがテクノロジーをどう「使いこなす」のか、あるいは環境にロボットを「適応させる」ということも、今後考えていかなければならない。

そして、逆に、私たち人間の側が、ロボット（が当たり前に存在する社会）に「適応する（させられる）」ということも、考える必要がある。石黒浩は、家電製品の取り扱いがわからない人が質問するためのコールセンターに、問題解決のためではなく、オペレータと話をしたいがために電話をする人がいるというケースをとりあげている。彼は、人と話をしているときと同じようにロボットが応対するようになれば、人間が無駄な労力を割かずに済むと述べている（石黒浩『ロボットとは何か』講談社現代新書、二〇〇九、二二三～二二四頁）。「つながり」めいたものを得られればよいのなら、相手はロボットでも構わない。そうなると、石黒のいうように、人間はロボットに感情をぶつけるというようなことをするようになる。これをいいかえれば、人間がロボットに「だまされる」ようになるというわけだ。こうした「だまされる」ということに満足していくこれからの人間のありようもまた、議論されなければならない。

なお、最後に付言しておきたいのは、こうした授業を成立させるには、時間を掛けた、深い「教材研究」

が必須になるということである。「よく調べる」ということは、その調べた方向に学習者を誘導しかねないというリスクも背負う。しかし一方で、教材研究をしておかなければ、自由に考えを述べる学習者の意見を拾えないということも、確かである。

新しい道徳授業は、結論ありきで誘導するのではなく、学習者の考えを深めていくことが主体となって進んでいく。それは教師の「活躍する」場面が減少することにもなるかもしれないが、学習者が勝手に喋るから教師は授業準備をしなくて良くなるということでは決してない。

学習者に活発な意見を述べてもらう授業をするのであれば、さらに質量共に充実した教材研究が必要になるのである。そのことは、第3節で授業展開の合間に、筆者個人の教材研究を挟んだことで示したつもりである。この点を特に強調しておきたい。

**参考文献**


石黒浩『ロボットとは何か』（講談社現代新書、二〇〇九）
石黒浩「ロボットの進化がもたらす「人間とは何か」の再定義」（『月刊ボス』第三〇巻第八号、二〇一五）
伊勢田哲治『動物からの倫理学入門』（名古屋大学出版会、二〇〇八）
大森荘蔵『物と心』（ちくま学芸文庫、二〇一五）
小笠原拓「椋鳩十「大造じいさんとがん」の授業実践史」（浜本純逸監修／藤原顕編『文学の授業づくりハンドブック』第三巻　小学校・高学年編／単元学習編、溪水社、二〇一〇）
久保明教『ロボットの人類学――二〇世紀日本の機械と人間』（世界思想社、二〇一五）

小池星多・青山征彦「デザインにおける越境をめぐって―ロボットをデザインしたのは誰か」（香川秀太・青山征彦編『越境する対話と学び―異質な人・組織・コミュニティをつなぐ』新曜社、二〇一五）
コーラ・ダイアモンド他『〈動物のいのち〉と哲学』（中川雄一訳、春秋社、二〇一〇）
永井均『翔太と猫のインサイトの夏休み：哲学的諸問題へのいざない』（ちくま学芸文庫、二〇〇七）
中川雄一「傷ついた動物と倫理的思考のために」（コーラ・ダイアモンド他『〈動物のいのち〉と哲学』中川雄一訳、春秋社、二〇一〇）
中村桂子「生き物はつながりの中に」（『国語　六』光村図書、二〇一三）
平田オリザ「アンドロイドと共に生きる」（岩波書店編集部編『これからどうする？―未来のつくり方』岩波書店、二〇一三）
本田康二郎「工学倫理とロボット倫理」（南山大学社会倫理研究所『社会と倫理』第二八号、二〇一三）
松尾豊『人工知能は人間を超えるか―ディープラーニングの先にあるもの』（角川EPUB選書、二〇一五）
椋鳩十「大造じいさんとガン」（『国語　五』光村図書、二〇一三）

## 付記

本章執筆後、ＳＯＮＹより新型ａｉｂｏが発売された（二〇一八年一月）。筆者はａｉｂｏを購入し、「人工知能・ロボットと教育をめぐる思想――ａｉｂｏ・言語・ふるまいをてがかりとして」（『立教大学教育学科研究年報』第六二号、二〇一九）を発表している。併せてご参照いただきたい。

# 第5章　障碍者差別の授業——ダウン症児への差別——

## 1　教材について――ネットの投書から

この章では、考えつづける道徳実践は、どのような授業で実現できるのかを考えたい。既存の教材にも多くの可能性がある。だがここでは、道徳の授業としては採り上げられることの少ない、障碍者差別問題をテーマにした授業案を考えてみたい。それも具体的には、知的障碍者の中で最も多く、近年一種の広い意味でのモラル・ジレンマのテーマとなり得るようになってきた、ダウン症の問題を考えてみたい。

これがモラル・ジレンマを引き起こすのは、新型出生前診断の問題がクローズアップされるようになってきているからである。以前より格段に簡便に検査できるようになったために、検査すべきかどうか、そしてもし異常が見つかった場合に、産むべきか否かという問題を突きつけられるようになってきた。そこであえて、中学生レベルを想定して、授業を考えてみたい。まず、教材を提示したい。これは、すべて筆者によって、ウェブ上から選ばれたものである。

なお、教材は四つある。最初の二つは、ダウン症児の親の文とダウン症と特定されていないが、知的障碍者へのヘイトスピーチである。あと二つは、新型出生前診断についての記事である。「少し長いまえがき」でのべたように、この授業も実験されたが、その授業実験では、最初に教材文1と2が提示され、教材文3と4は授業の最後に提示された。その理由は、この問題を単なる差別の問題としてだけではなく、人間とは何か、建前と本音という難しい問題を考えつづけてもらうためである。

**教材文1**

## 「友　達」（ありさママ）

小学二年生のダウン症の娘ありさの話です。

普通小学校の支援クラスで過ごさせてもらっています。音楽・体育・給食は普通クラスに混じってやらせていただいています。といっても、音楽では上手く歌えませんし、体育では走るのが遅いですし、給食ではお箸が使えず一人フォークで食べています。

でも、そんなありさにも「友達」がいるみたいなんです。音楽の時間には、熱心に楽譜の読み方を教えてくれ、体育では伴走してくれ、給食の時には机を移動して隣で食べてくれる友達です。しかも複数の子が代わる代わる面倒を見てくれているそうです。すごく恵まれた環境だと思います。

でも、時には他のクラスの子がありさをからかう事があるようです。二年生にしては背が低いし、ダウン症特有の顔と言いますか、少し周りの子と違うからだと思います。「やーい、チビ助。」などと言われるようです。そんな時には、ありさの友達たち全員で反撃してくれるそうです。「お前には、ありさちゃんのかわいさが分からんのか！」「ありさちゃんをいじめるなら一〇〇倍にして仕返しするぞ！」「ありさちゃんは神様から特別に貰った子なんだぞ！」みんなの怒号が響きわたるようです。友達全員の力がありさにも伝わるのか、ありさは何を言われても泣きません。必ず守ってくれる友達がいるから。

そして、悲しいかな、そうして守ってくれた子が今度はいじめられていたそうです。その時です、ありさがいじめてる子の足にしがみつき、足を噛んでしまったのです。少し血が出たそうです。学校から連絡があり、急いで車で駆けつけました。先生の前で、ありさを叱りました。ありさはボロボロ泣いていました。先生にも謝って噛まれたお子さんとそのお母さんにも謝りました。

でも、学校の駐車場でありさを車に乗せるとき、ぎゅっと抱きしめました。「よくやったね！」。そう言って褒めてあげました。「ありさのしたことは先生には怒られるけど間違ってないよ。本当に良くやった」。それから、ご褒美にケーキ屋さんに立ち寄り、ケーキを買ってあげました。そして家に向かうと、家の前に人がたくさんいるのが見えました。何だろう、と思ったら、いじめられていた子やその友達たちがありさに会いに来ていたのです。その数、四〇人。たくさんの友達に祝福され、ありさは車から降りました。ありさは、自分が食べたいはずなのに、ケーキをいじめられていた子にあげました。そして、みんなに褒められて最高の笑顔を見せていました。私は、そんな光景を目にして、ただただ涙を拭うばかりでした。ありさの周りにはとても優しい友達たちがいます。そして、ありさも優しくなっていきます。これがダウン症の他の子にはない強みなのかもしれません。劣っているわけではないんです。もちろん劣っている面のほうが多いですが、特別優れた癒しのパワーがあるように思います。どうか皆さん、ダウン症児のいい面を見つけてあげてください。きっとあります。きっと。

（ダウン症のポータルサイト Angel RISA　珠玉のエピソード集『ダウン症でよかった！』「ベストセレクション」 http://angelrisa.com/a/best.htm,2013.11.13取得）

**教材文2**

**「障害者は邪魔ですか?」への回答**

**（以下の文章は、2010/12/25に Yahoo! 知恵袋に投稿された質問への回答。Yahoo! 知恵袋 http://detail.chiebukuro.yahoo.co.jp/qa/question_detail/q1352593803,2013.08. 取得）**

はい、とても邪魔です。

弱者を売り物に商売をして、法律で無理に強要する。

邪魔以外の何物でも有りません。

リンク先のBAさんが悪魔と表現していますが、的確な表現だと私は思います。

～コピペ～

産まれて来ること自体が周囲や家族の生活を狂わせて、その幸せをぶち壊す、究極のハズレくじ……。

知的障害者に望まれて産まれてきた者などいる訳がないんだから、そんなのを過剰に擁護するのはおかしいんだよ。

知的の一家は呪われた人生まっしぐら。しかも家族のみならず、周囲の人間までを恐怖と不幸のドン底に陥れ、そのことすらも自覚ナシの悪魔的存在。

恐るべし……知的障害者。

さらに、それだけにも止まらず、次々と同胞を増やして他人の足を引っ張って、どこまでも幸せを奪おうとするとならば、もはや存在意義うんぬんの問題ではなく、知的が駆除の対象にならないこと自体がおかしいのではないか……?

まさに悪魔だ……。知的障害者は人間になりそこなった悪魔……

～コピペ終了～

昔から【七歳までは神のうち】と言われている様に、無理して出来損ないを育てたとしても、それは無理であり無意味なのです。

はずれでも責任もって育てろって言われたら、人生そこで終了だもん。

現状障害者が生まれたら、間違いなく家族全員が不幸になる。

次の成功に賭ける事も出来ない。

少子化推進現状では間違いなく不幸の象徴＝悪魔
そういえば障害者って羽の無い天使なんですよね?!

← 落ちた天使
← 堕天使
← 悪魔

◇新型出生前検査について

NHKのクローズアップ現代で二〇一四年四月二八日（月）に放映された、「新型出生前検査　導入から一年～命をめぐる決断　どう支えるか～」の一部を見せる方法も考えられるが、この問題については、「NIPTコンソーシアム」というお医者さんの任意団体のHPが参考になる。NIPTとは、無侵襲的出生前遺伝学的検査（Noninvasive prenatal genetic testing）の略で、通称「新型出生前診断」の略称である。この団体は、NIPTに精通した全国の専門家によって設立された任意団体である。そのHP（www.nipt.jp/index.html）には、「NIPTを国内で施行するに当たり、適切な遺伝カウンセリング体制に基づいて検査実施するための、遺伝学的出生前診断に精通した専門家（産婦人科、小児科、遺伝カウンセラー）の自主的組織」と説明されている。

NIPT「無侵襲的出生前遺伝学的検査」というのは、従来の母体の子宮に針をさして直接羊水を採取して検査する方法よりも流産などの危険が少ない、母親の血液を二〇cc採血しておこなうもので、正確ではないがより負担の少ない方法として、日本でも二〇一三年四月から行われている。この検査で陽性と出ると、正確さを期して従来の羊水検査をおこなうことが勧められる。

では、この検査をして陽性と診断された人のうち、どのくらいの人が中絶を選んでいるのだろうか。これについてはこの団体の発表が、二〇一四年六月二八日付の各新聞社から記事になっている。朝日新聞の記事（合田緑）よれば、それは次のようだった。(www.asahi.com/articles/ASG6W6636G6WULBJ013.html)。

**教材文3**

## 新型出生前診断、異常確定のうち九七%が中絶

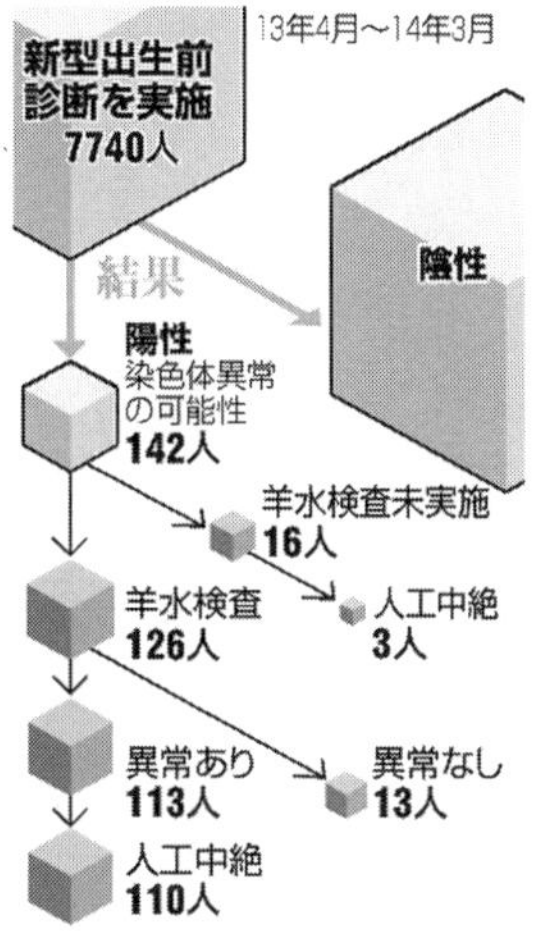


妊婦の血液から胎児の染色体異常を調べる新型出生前診断を実施している病院のグループは二七日、導入から一年間で陽性と判定された一四二人のうち、一一三人の異常が確定し、九七%に当たる一一〇人が人工妊娠中絶したと発表した。残る三人は流産したり、妊娠を続けたりしている。

新型出生前診断は昨年四月、三五歳以上の妊婦らを対象とした臨床研究として始まった。胎児にダウン症など三種類の染色体異常があるかどうかを調べている。全国三七病院での一年間の実績を集計した結果が明らかにされた。

集計によると、診断を受けたのは七、七四〇人で、このう

ち異常の可能性がある陽性と判定されたのは一四二人（一・八％）だった。この検査では、異常がないのに陽性と判定される「偽陽性」が出ることがあるため、確定診断には羊水検査が必要になる。しかし、三人が羊水検査を受けずに中絶していた。

また、新型出生前診断で陰性と判定されたものの、出産後に染色体異常が確認された人が少なくとも一人いた。実施病院でつくる「ＮＩＰＴコンソーシアム」の事務局長、関沢明彦・昭和大教授は「妊婦は悩んで何度もカウンセリングを受けて決めている。安易に（中絶に）流れているとは考えていない」と話した。コンソーシアムは今後、ダウン症の子どもを育てている親の話なども、新型出生前診断を受ける人が聞ける環境を整えたいとしている。（合田禄）（朝日新聞デジタル、二〇一五年一月二七日取得、一部省略）

しかしこの記事に関連して、「リテラ」というサイトで田岡尼が斎藤茂男の『生命かがやく日のために』（講談社α文庫、一九八五）を紹介して、「出生前診断で〝ダウン症の子が生まれるから中絶〟はアリなのか」と題して次のようにのべている。

**教材文４**

**出生前診断で〝ダウン症の子が生まれるから中絶〟はアリなのか**

前出の斎藤は、まるで未来を予見したように、このように述べている。

「現代の社会では障害をもつ子どもはけっして幸せになれないし、親自身も不幸である」という固定概念に縛られた現状認識が根強くはびこっている状況のなかでは、けっきょくは人間が人間の生命を管理・選別していく巨大な流れに巻きこまれていく可能性は大きいのではないだろうか」

「できるだけムダを省き、より効率的で、論理整合性のある合理化体制をめざす志向に突き動かされて、その流れにさからう異端の存在や、役に立たない弱者や劣者を切り捨てながら、不気味な歯車が回転していく危険を、私たちの社会ははらんでいるようだ」

斎藤の指摘は、さらに加速度を高めて進行している。合理的でないものは排除しよう。異端は拒絶すればいい──障がい者に対してのみならず、こうした排他的な考え方が社会に蔓延っているのが、現在の日本の姿だ。そもそも、ダウン症の子どもが一定数生まれることは生物学的には自然なこと。新型出生前診断を受け、中絶を選んだ妊婦の悲しみも、生むことを選んだ家族の困難も〝個人の問題〟などではなく、社会が背負うべきものではないのか。ダウン症の子どもが生まれても幸せにはなれない。そんなふうに諦めてしまう世の中をつくりあげているのは、ほかでもない、この社会の貧しい体制にある（lite-ra.com/2014/07/post-278.html，二〇一五年一月二七日取得）。

もちろん、授業でのこうした情報の出し方は難しい。出し方によっては、生徒たちの思考を方向付けるからである。どのように出すべきかは、わからない。しかしこれから大きな変革を迎える医療の進歩は、私たちが生きるとはどういうことなのかを突きつけてくるだろう。それはなにも、障碍児問題だけではない。

## 2　この授業の基本姿勢──自分の中の差別意識と向き合う

この授業は、自分の中にある差別意識に気づき、それと向き合うことを目標としている。ただしそれには、ダウン症について、その原因・特性・発達などの情報を集め、さらに障碍者一般の現状と課題、そして「障碍」とはなにかといった議論、そうしたことを検討することが重要である。しかしそのことで、安易にどうするか、どうすべきかといった、道徳の徳目主義的な結論はださないことにしたい。

というのも、道徳は知徳でなくてはならない、と筆者は考えているからである。つまり知徳合一が必要だと思っている。知徳合一、あるいは知行合一には、いくつもの考え方がある。筆者はこれを、「正しい知識をもって考えつづけること」ととらえる。単に道徳的な知識をもっているのではなく、実践的に判断して行動する、それが大切であることは確かである。だが、道徳的実践の場に遭遇することは、人生の中でめったにないことから、始終でくわすものまである。にもかかわらず、どれも簡単には行動しづらい。

「少し長いまえがき」でのべたように、人を殺すかどうかは、もちろん一生の間で一度も遭遇しないだろう（なんらかの不条理にあい、殺してやりたいなどと思うのは道徳問題ではない）。そのためこの問題については、実践は不可能といってもいいくらいである。かたや、高齢者に席を譲るといった問題は、普通に頻繁におこりうる。しかしこれもまた、行為そのものは容易であるにもかかわらず、現実的には実践が簡単ではない。となれば私たちに求められるのは、考えつづけるという姿勢であるだろう。

障碍者問題は普遍的で、誰でもどこでも遭遇する問題である。しかしこれも、簡単ではない。障碍者問題もまた、単に差別しなくて優しくすればいいという問題ではない。私たち一人ひとりの、向こう側ではなくこちら側の問題、さらには向こうもこちらもなく、社会全体のあり方の問題だからである。それは、単に障碍者をどのように受け入れサポートし、彼らの権利を守るべきかの問題ではない。幼児から高齢者までの全ての人が、どのように互いにかかわり合いながら人生を生き抜くのかという、社会全体のあり方、私たち一人ひとりの生き方の問題である。

しかもいろいろな問題は、その問題を代表する言葉、この場合でいえば「障碍者」という言葉を使わないと、議論できないところが苦しいところである。この言葉を使ったとたんに、ある意味で差別的な意味合いが生まれてしまうからである。ここで私が、「障害者」と書かずに「障碍者」と書くのは、「害」の字が他人を害するという意味合いをもっているからである。それに対して「碍」の字は、感電しないように電気の伝達を妨げる、瀬戸物で造られている「碍子」などで分かるように「妨げる」という意味があるからである。つまりここで私が「障碍者」を使いたいのは、障碍者とは社会を害する人々ではなくて、社会から妨げられている人々であるとの意味合いを大切にしたいと考えたからである。もともとこれは、戦前に「障碍者」と書いていたものが、戦後、難しい字を易しい字にしましょうという内閣告示によって「障害者」となったものである。

こうしたことから障碍者の問題は、彼らをどう処遇するかという問題ではなくて、私たちが彼らとどのように関わっていくか、どのように一緒に生きていくのかの問題であると思われる。したがってそうしたあり方、生き方の問題に対しては、どうすべきかといった結論をすぐにだすべきではない。というより、そうした結論をだすことは、むしろ不自然である。これから生きていく人生のさまざまな場面、さまざまなかかわりの中で、生徒たちが自分の生き方を考える姿勢をもち続けることが大切である。なぜならそれぞれの場面は、それぞれに事情が違い、そのそれぞれの場面でどう行動するかは、一様ではないからである。

したがって授業の中で、安易に結論をださせないのは、そうした将来ぶつかるさまざまな場面で、自分なりに考えることのできる人間を育てたいからである。安易に字面で結論を導いてしまっては、場面場面で考えない徳目主義の思考停止人間を育ててしまう。そういう人間は、口先ではかっこいいことを言うが、実際には何もしないか、逆のことをしがちである。私たちは、そうした建前だけの二重人格教育をしたくはない。

こうしたことからこの授業では、情報を集め、問題の理解を深め、かつ安易に結論をださないことを基本姿勢としていきたい。しかしこのことを実践するには、先生方の力が鍵になる。安易に「良い」といわれる結論に向かわせずに、情報を集め、様々な意見を評価し、さらに自分の差別意識と向き合わせるのは容易ではない。ある時には、当たり前だと思っていることを砕き壊さなくてはならない。ある時には、逃げ出そうとする生徒の心を困難な課題に向き合わせなくてはならない。またある時には、自分の心に気づいた生徒たちから、不満・不安の厳しい視線を投げつけられるかもしれない。この実践は、先生方にとっても厳しいものになることが予想される。

道徳とは、優しい思いやりのある心や、譲り合いや絆といった誠信ばかりではない。むしろネット上に散在する多様な情報にアクセスできる情報リテラシー、複雑な情報を読み解く論理的な思考力、多様な意見を評価するメディア・リテラシーが必要である。そしてさらに、そうした情報を収集・分析しながら、それぞれの場面で判断し行動する力が必要である。ある場合には、周囲とは異なる判断や、あえて保留する勇気も必要かもしれない。道徳では、そうしたように、現代に生きる誰にも必要な実践的な情報判断力、考えつづける強靭さが要求される。

ちなみに、メディア・リテラシーでは、よくクリティカル・シンキング（批判的思考）ということがいわれる。だが、あれはずいぶんと誤解されている。クリティカルというのは、日本語では「批判的」と訳されるが、それは間違いである。英語、すくなくても米語にはその意味がない。むしろ、「厳密に」とか「微妙に」「鋭敏に」「順序立てて」といった意味である。もともとアメリカでは、ロジカル・シンキングといわれていたものが、クリティカル・シンキングといわれるようになったのであって、日本語で批判的と訳されるような相手を非難するという意味はない。もっとも日本語の「批判的」も本来、相手を否定するという意味はなかったと思われる。むしろ合理的判断という意味であったと思われる。

それはともかく、日本での「批判」は、非難に類するものととらえられる傾向が現代では強く、そのため合理的判断までもが嫌われてしまう傾向がある。しかしそれを嫌っては、近代の教育ばかりか社会そのものが崩壊しかねない。私たちは、少なくても明治以降、知識を豊かにして、その知識によって偏見や憶測をなくし、正しい判断をして行動する学力をもった市民がつくる社会をめざしてきたのではないか。

日本人は、論理性に欠けるとはよく聞く話であるが、筆者はそうは思っていない。ずいぶん昔の聖徳太子の「十七条憲法」にしても、明治の初めの「五箇条の御誓文」にしても、私たちは議論を大切にしてきたはずである。議論を尽くすには、論理的つまり理にそった論をきちんとたてなくてはならない。日本人は、けっして非論理的でも、迎合的でも付和雷同的でもないはずである。非論理的だといわれるのは、日本人が自分に対して案外クリティカルだからだろう。

知識は、実際の行動において態度として実現してこそ知識である。学力において、知識は態度（行動）にならなくてはならない。正しい知識に裏打ちされない判断と行動は、しばしば危険な状況をつくりだす。電車の中での携帯電話は、医療機器に今ではまったく影響がない。なのに正しい知識に裏付けられない「優先席付近では……」のアナウンス。あれによって、注意する人とのトラブルが後を絶たない。携帯電話の影響で苦しんだ人はいないにもかかわらず（詳しくは、拙著『議論のウソ』講談社現代新書を参照されたい）。そうしたことから、次の言葉を添えておきたい。

「徳の無い知識は傲慢であり、知識のない徳は独善である」

正確な科学的知識に基づいて、合理的な判断を探求し行為する、それが道徳である。そうした近代的市民の育成を本書では目ざしたい。日本の近代の夜明けである明治維新も、そうした知行合一をめざした陽明学の人たちによって開かれたのである。そうした意味で近代教育は総じて道徳教育であったといっても過言ではないだろう。しかしもちろん、多くの社会的な問題、とりわけ道徳といわれる問題は、繰り返し述べているように、簡単に実践もできない。考えつづけ、悩み、躊躇し、その中で実践する。あるいは、実践を躊躇する。それが、現実の道徳的実践の姿ではないか。

## 3　授業の進展段階

では、こうした授業は、どのような段階をへておこなわれるのか。次に簡単にこの問題を考えたい。この授業では、だれでもが持っている他者への仲間意識とその反射としての差別意識を自覚化することから、障碍者への理解が始まるという前提に立っている。差別意識は、あってはならないものではない。むしろなくてはならない。なぜならそれは、自我が育ってくる過程で必然的に生まれるものだからである。「いじめ」も、昔の教育現場では、なくてはならないといわれていた。なぜなら、それは教育の良い機会だからである。差別もいじめも、ないことにしてはならない。

自我は、自分と他者とを区別することから生まれてくる。区別し、自分を憎み、他者を忌避する。これが差別意識の根幹にある。筆者は、子どもたちの道徳性の成長には、そうした自分の意識との向き合いが不可欠だと考える。他者への憐憫の情の育成ではなく、自分への厳しさの目、そしてその問いの苦しさ、「私とはなんなのか」という問いの苦しさを突き抜けたところに発見する、「私は私なのだ」という自分の発見こそが道徳性なのだと理解している。

教材文1「友達」のように小学校低・中学年であれば、子どもたちは仲間意識も強く、障碍児を受け入れることは難しくない。が、高学年や中学校となると、それだけでは難しくなる。「自分とはなにか」という、自分への厳しい問いが始まるからである。少年期から青年期にさしかかる中学から高校にかけての子どもたちは、その厳しさが一層強まる。そうした時に、どのように指導していくか、これが課題となる。

そこでこの授業は、自我が芽生え強くなってくる年齢の中学生たちに、この問題をどのように考えてもらうのかという視点で構成したい。そこで一つの提案として、次のような段階を考えてみた。

第1段階　教材文を読んでグループで話し合い。この教材文についての意見をまとめ発表する。

第2段階　教師から障碍者との接触経験の有無を生徒に尋ね、その時の対応や本音をひきだす。そしてその対応と第1段階での意見との違いから、次の第3段階につながる方向をさぐる。

第3段階　障碍児、特にダウン症について、その種類、原因、特性、人数、就職等の状況、差別の現状などの情報を多面的に調べる。

第4段階　改めて教材文2の分析をおこなう。その際、問題文を批判するのではなく、戸惑いやヘイトな部分に注目して、どのような背景があってこのようなことをいうのか、それを解くにはどうしたらいいのかを話し合う。

第5段階　だがこれだけであると、やはり差別しないで、というありきたりの徳目を押しつけることになる。そこで最後に、モラル・ジレンマ問題として、新型出生前診断の事例を問いかけて、授業を終える。これはもちろん、答えが出ることではない。こうした社会的問題は、これから考えつづけなくてはならない問題である。それをあえて提出することで、生徒たちに考えつづけることを意識して、社会全体の問題を考えていくことを確認して終りとする。

では、これをもう少し詳しくのべてみよう。

**◇第1段階　教材文を読んでグループで話し合い。この教材文についての意見をまとめ発表する。**

この段階では、先生は特にアドバイスすることなく、生徒たちに問題文を読ませて、グループで話し合わせる。そうするとほとんどのグループの意見が、用意されたように差別してはいけないとか、教材文のヘイト発言を蔑視するものなど、常識的なものに傾く。それというのも生徒たちは、いつの間にか「正しい答え」を、どこかで身につけてきているからである。しかも生徒たちは、先生にはこうした答えが喜ばれるだろうとまで分かっているものである。

従来の普通の道徳教育では、この段階で「その通り、みんなも差別しないようにしましょうね」で終わりになる。しかし知識や判断は、文章にすれば同じにみえるが、実際のそれは、行動や状況において意味をもつことから、現実の授業の中では違った意味というか役割をもつことになる。「愛しています」という言葉も、文字通りの愛の心情の告白だけではなく、結婚の誓いや契約を意味していたり、逆に別れの通告だったりする。受験学力が、実際社会にはあまり力をもたないのと同じである。

そのため、ここで終わったのでは、実際にどのような判断力が生徒たちに備わったのか、はっきりはしない。したがって、この授業の勝負はここからである。

**◇第2段階　教師から障碍者との接触経験の有無を生徒に尋ね、その時の対応や本音をひきだす。そしてその対応と第1段階での意見との違いから、次の第3段階につながる方向をさぐる。**

ここからは、先生が悪者になる。悪者というのは、生徒たちの常識に固まった頭をもみほぐし、砕き壊し、追いつめていくという、嫌な人間にならなくてはならないからである。この授業でもっとも難しく骨の折れる段階はここである。しかしこの授業の正否は、正にこの段階にかかっている。

もちろんだからといって、生徒たちの常識的な意見を真っ向から否定してかかれというのではない。大切なのは、生徒たちが自分の中にある意識に、気づいていくことである。自分の中にある差別意識、というよりも何気なくそうした相手を避けてしまう意識、めんどうそうなことを見て見ぬふりをしてしまう、そうした意識に自分で気づいていくことである。授業のポイントは、この「気づき」である。

この気づきによって、自分の意識の問い直しが始まる。しかし次のポイントは、その問い直しを自分の道徳性の否定につなげないことである。その意識がどういう経験なり根拠から生まれているのか、それを問い直す。自分のそうした意識を否定してしまうと、その裏返しとしての防衛反応的な強い差別意識やヘイト発言につながりやすくなる。教材文のヘイト発言がその例である。そこまでいかなくても、さらに深く見て見ぬふりになりやすいものである。

そこで先生は、さりげなく「ダウン症って知ってる?」「どこかで会ったことある?」「そういう人と話したことある?」といった、いわば軽い質問からはじめる。これが、第2段階の第一段階「ね、知ってる?」の段階である。すると多くの生徒は、「知っている」と答えると思われる。今日では、学校の中の特別支援学級や普通学級にダウン症の子どもが通っているのもあたり前だからである。普通学級に籍をおいて、特別支援学級での支援を受ける通級制度もあたり前になっているので、ダウン症の生徒をまったく知らないことはむしろ珍しいかもしれない。

しかし、じゃあ知っているのかということになると、それはまったく別問題である。確かに二〇〇七年に特別支援教育が本格実施されてからというもの、以前はあまり顧みられなかった知的障碍や発達障碍についての教育が多くの学校でおこなわれるようになった。一般に障碍理解教育と呼ばれているこの学習が、以前より積極的に取り組まれているのは、確かに大きな前進である。しかし、その理解が同情的や感情移入的であったり、単なる言葉でしかないならば、とても成功しているとは思われない。

そこでこの第2段階の第二段階では、「ホントのところ、どうなんだろう?」と問うことが必要になってくる。

障碍者と当たり前の人間として付き合い、その人を大切にしなくてはならないことは分かっている。差別なんかいけない。困っている人がいたら、手を差し伸べなくてはならない。だけど、人にはいろいろ事情がある。急いでいる時には、ちょっとごめんなさい。

今年は受験だ。そんな時に、クラスに知的障碍のある生徒がいるのは、少し困る。先生にはどんどん進んでいってもらわないと……。などなど、わがままかもしれないけれど、人って結局自己責任じゃないか。その子のおかげで勉強が遅れても、ほめてはくれるかもしれないけど、合格はさせてくれないじゃないか。

こんな本音に気づいてもらうには、先生がここで悪者にならざるをえない。

「先生も、障碍を持っている人を助けるべきだとは思うけど……。正直いうと、面倒だし、『正直いえば、邪魔です』っていうあの人のいうこともわからないではないだけどねえ……。ホントのところ、どうなんだろう？」

といった、悪者発言。先生は、おおむねこうした発言などするものではないと生徒たちは思っている。だから当然混乱する。そこで、次のように問いかける。

「で、どうなのみんなは。ホントのところ、もう一度話し合ってみよう。」

これが第2段階の第三段階になる。ここのところは、とても微妙である。あまり強く追いつめないようにしなくてはならない。こうして話し合っていくと、少しずつ違った意見がでてくる。教材文のような極端にヘイトな考えまでは出なくても、最初のような常識的おりこうさんな考えばかりではなくなる。しかし生徒たちは、少し自分の本音に嫌悪感をもつようになる。全体に口ごもってくる。そこで、第2段階の第四段階。切り返しの段階が必要になる。ここで、先生は次のように発言する。

「ところで、みんなはダウン症ってどういう症状なのか知ってるかなあ。それに障碍者といってもいろいろだよね。どのくらいの人が障碍をもっているのかなあ。」

と、このように問いながら、みんなで手分けして調べてみようという方向にもっていく。以上のことをまとめると、次のようになる。

第2段階の第一段階「ね、知ってる?」

←第2段階の第二段階「ホントのところ、どうなんだろう?」

←第2段階の第三段階「ホントのところ、もう一度話し合ってみよう。」

←第2段階の第四段階「障碍のこと、いろいろ調べてみよう。」

**◇第3段階　障碍児、特にダウン症について、その種類、原因、特性、人数、就職等の状況、差別の現状などのダウン症の情報を多面的に調べる。**

第2段階で、ダウン症について調べてみようとなって、少し突っ込んで調べるのがこの段階である。少し突っ込んで調べるといっても、どうしたらいいのか。もちろん調べるには、インターネットを使うわけだが、ただ「ダウン症」と入れて検索をして、まずはウィキペディアとなるのが一般的である。しかしそれでは、ただ漫然と調べることになってしまうので、なにかの調べる目当てが必要である。そこで次のような三つの目当てを生徒たちに提起してはどうか。なおこの研究では、ダウン症のことを中心にはするが、それと関連した知的障碍や他の障碍のことにも少し拡げることにする。というのも、ダウン症の問題は他の障碍とも連動しているからである。

・発生的視点＝これは、ダウン症の歴史や語源を調べる視点である。調べればすぐに分かるように、「ダウン」というのは人の名前である。しかしこのダウンによって最初に付けられた名前は「蒙古人症」とか「蒙古痴呆症」というものであった。そこから以前は、「モンゴリアン」といった名前も広まっていた。もちろんそこには、西洋人の東洋人に対する蔑視がある。そこでダウン自身のことや、そうした差別的な名称のことや、それが今日どのように考えられるようになったのか、ＷＨＯでの認定や、国連での「世界ダウン症の日」のことなどへと拡げていく。

・社会的視点＝この視点では、社会的・文化的な問題を調べていく。この視点は多岐にわたる。ダウン症への差別問題や、今最もホットな出生前診断の問題。そしてそれによる人工中絶。そのことに対する倫理問題の議論。ダウン症児の教育問題と就職問題。そしてさらにそこから障碍者一般の問題、とりわけ知的障碍者への差別問題。そしてなにより、ダウン症児の親たちの取り組みや悩みと喜びなどもこの視点で調べる。そしてまたこうした社会的な問題のほかに、文化的な観点から、ダウン症を題材にした映画や漫画やドラマなどの作品、またダウン症の人たちの文化的活躍についても調べる。

・構造的視点＝この視点では、ダウン症という症状の原因や種類。医学的・疫学的・臨床的な見解。そしてそこから派生して、ダウン症以外の知的障碍や染色体異常の問題も調べる。女性の出産年齢が高くなると、障碍が生じやすくなるが、それはどの程度なのか。そもそもダウン症は、遺伝病なのか。「遺伝性」と「先天性」の違いはなにか。ダウン症児によく見られる疾患問題。あるいは寿命の問題などを調べる。これらの問題は、一般に誤解されていることが多いので、正しくとらえることが重要である。ただこの視点では、かなり専門的な知識に入り込むので、分かるところまでとしておかなくてはならない。とはいえ、この視点での科学的理解は、大変重要であるので、少しぐらいわからなくても、ともかくも調べてみることが大切である。

**◇第4段階　改めて教材文2の分析をおこなう。その際、問題文を批判するのではなく、戸惑いやヘイトな部分に注目して、どのような背景があってこのようにいうのか、その真意を話し合う。**

教材文2には、二つのヘイトな事例がでている。確かにこれは、かなりのヘイトな発言である。しかしここで、これらは良くないと断罪してすませないことが大切である。このヘイトな事例こそが、最も重要で分析する価値のあるものである。なぜそういうのか、その心情を話し合ってみる。そしてその考え方でいけるのかどうか。障碍児が悪魔なら、それゆえ抹殺すべきものならば、まずは自分が抹殺される対象になるかもしれないことに、子どもたちが気づけるかどうか。

ここで大切なのは、これを断罪するのではなく、子どもたちが自分の問題として、この発言をとらえることができるかどうかである。先生はむしろ、この発言を考えさせることに力点をおいて、安易に子どもたちが結論をださないようにすることが大切である。子どもたちは、良い意味でも悪い意味でも、差別はよくないことをすでに学んでる。それだけに、すぐに先生の気にいる答えを出そうとする。それでは、この授業は失敗である。障碍者問題に限らず、結論を簡単には出せないのが、世の中の常である。道徳の教育とは、そうした問題を考えつづける人を育てることではないか。答えが重要なのではない。事実に基づいて、考えつづけることが重要なのである。

**◇第5段階　授業全体を振り返り、正しい情報の収集と評価とが重要であることと、障碍者のみならず、社会全体の問題を考えていくことを確認し、最後の問題「新型出生前診断」の問題を提示する。**

全体を振り返って、自分なりの考えをまとめてみる。しかしこの段階のまとめは、あるいはなくてもいいかもしれない。まとめるにしても、結論を書かせるのではなく、この授業でどういうことにぶつかったのか、どういうことで悩んだのか、自分自身と向き合うことが重要である。ここでも、性急に道徳めいた結論を書かせないように注意していただきたい。むしろヘイトな立場もありうること、結論は一つではないこと、世の中には様々な考えがあること、そうしたことに気づくことの方が大切だからである。道徳とは、社会的な問題を考えつづけることである。知徳合一を唱えたのは、無知の知をとなえたソクラテスである。知らないことがいっぱいのこの世の中で、知らないことを知ることが、一番の道徳かもしれない。

そこで最後に、「新型出生前診断」の問題を提示して授業をおしまいとする。方法としては、教師からの話としてだけでもいいが、NHKの「クローズアップ現代」で二〇一四年四月二八日に放映された、「新型出生前検査 導入から一年〜命をめぐる決断 どう支えるか〜」の一部を見せる方法も考えられる。これは、もちろん重く、結論が出せる問題ではない。まして中学生では、まだ具体的には考えられないかもしれない。しかしこれが困難な問題であることは理解出来るはずである。この授業の中心は、むしろここにあるのかもしれない。

教材研究《ダウン症について》

生徒たちに考えてもらうには、まずは先生がしっかりと教材研究をしなくてはならない。そうしないと、生徒たちはどこにいっていいのか分からずに、右往左往してばかりになる。したがって先生は、生徒たちの調べ学習をサポートするために、より深く理解することが求められる。まずはこの教材のテーマである、ダウン症のことを知らなくては話は始まらない。しかしもちろん障碍者は、ダウン症の人ばかりではない。第3段階で紹介した三つの方法の他に、分野的には障碍問題について次のようなものが考えられる。

・ダウン症とはどういうものか
・障碍にはどのような種類があり、どのくらいの人がいるのか
・障碍者の就職などの生活の状態
・障碍者への差別問題

ここでは、基本的な情報についてのみ簡単にのべてみよう。簡単にというのは、調べれば調べるほど知ら

ない事や誤解していたことが、たくさんでてきて、それこそ際限がなくなるからである。また就職問題をはじめとする差別問題は、表面的ではないものも多く、簡単にはわからないという別の課題もでてくる。しかしそれはまた、新たな障碍者問題の現れでもある。

◇ダウン症とはどういうものか

ダウン症とはどういうものか。ダウン症に限らず、障碍者への偏見は、そのことを良く知らずに、単に憶測や先入見で見る事から生まれる。人は知らない事には恐れを抱きやすい傾向がある。なんとなくともかく避けようとする。なかには、伝染病のようにうつると思う人までいる。こうしたことを無くするには、なんといってもまず正しい情報を知る事から始めなくてはならない。こうした情報は探せば結構あるが、とてもわかりやすい情報サイトとしては、ダウン症の障碍者を支援するＮＰＯ法人アクセプションズのホームページがある。それによれば、ダウン症とは次のようなものである。（このサイトでは「障がい」としている。http://acceptions.org）

ダウン症候群（ダウンしょうこうぐん、英：Down syndrome）

体細胞の二一番染色体が一本多く存在し、計三本（トリソミー症）持つことによって発症する、先天性の疾患群。

歴　史

古くから文献にはあったが、似通った症状が特徴的に見られるという事で一八六六年イギリスの眼科医ダウン博士（Dr. J. L. H. Down）が独立した疾患として、ひとまとめにし、症候群として報告したのが始まりである。発見者であるダウン博士の名にちなみ、ダウン症候群と呼ばれている。

種　類

標準型（不分離型）二一トリソミー、転座型、モザイク型がある。

　標　準　型：全体の九〇～九五％

モザイク型：全体の一～三％

転　座　型：全体の五～六％

症　状

多くは様々な合併症を伴う。知的障がい、先天性心疾患、低身長、肥満、筋力の弱さ、頸椎の不安定性、眼科的問題などがある。

※病気は正しい治療をすればほぼ全員が改善する。甲状腺製剤のように、補充することで症状を抑えるものもある。

※合併症はダウン症がなくても一般の人でみられるものである。

数十年前までは平均寿命が二〇歳前後であったが、医療の発達により合併症の早期治療が進み現在では平均寿命も六〇歳程度に延びている。

発生率

遺伝子の異常で起きるが遺伝病ではなく、平均して約一〇〇〇分の一の確率で発生・ダウン症がある人は日本全国に五~六万人と言われている

ダウン症の特性（※個人差があります）

・長期記憶が良いが、時間の経過を把握するのは苦手
・抽象的、漠然とした話は理解しにくいので説明は具体的に
・ひとの気持ちを汲み、思いやりに富み、感受性強い
・目で覚え、観察力・形態認知・空間認知に優れ、模倣上手
・言葉で表現するより行動にあらわすほうが早い
・耳から理解するのは比較的弱く、話をしっかり聴くのも苦手
・想像力や空想力が豊かで、適度ならばストレス解消にもなる
・独り言もストレス解消に効果があるが、場所を選ぶ必要あり
・手は器用、ただ動作が幾分遅く、経験不足で手・指の筋が弱体化
・筋力の低緊張があり筋量は一般より少ない
・薬が効きすぎ、薬の副作用がでやすい傾向がある

以上が、ＮＰＯ法人アクセプションズのホームページでの説明である。しかしこの他にももっと詳しい説

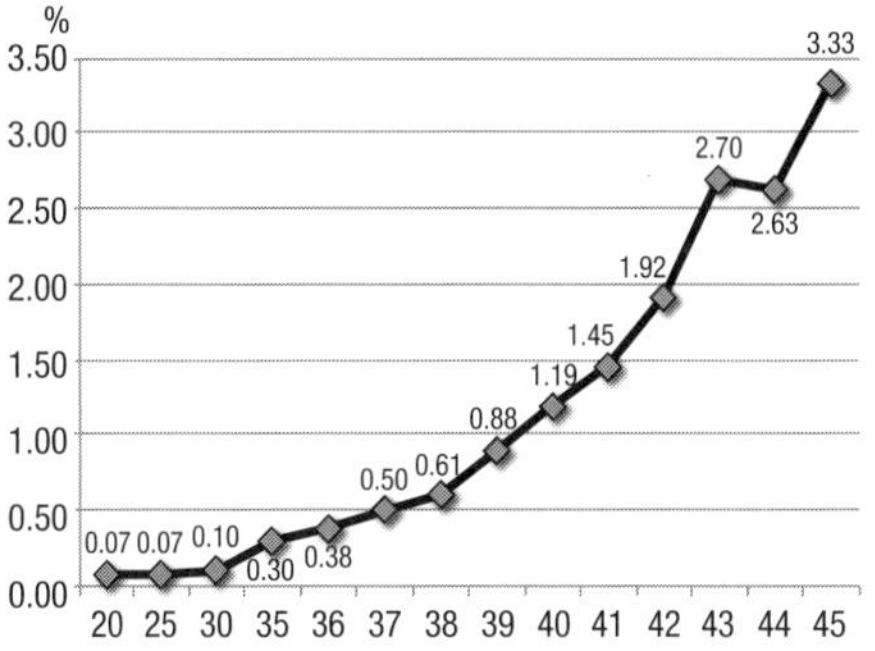


(Gardner RJM. Chromosome Abnormalities and Genetic Counseling 4th Edition, New York, Oxford University Press 2011, NIPTコンソーシアムのHP掲載の表から筆者が作成)

明や微妙にニュアンスの違う説明もある。さらに高齢出産とダウン症児の発生率の関係であるが、八〇〇人から一〇〇〇人に一人の割合で生まれるといわれる。高齢出産になると確かに発生率は高まる。

上のグラフのように、三五才を超えると徐々に発生率が上昇する。しかしダウン症の子どもの八〇％以上が、三五才以下の母親から生まれている。それはもちろん高齢出産の人は、晩婚化の今日においても絶対数で少ないことによる。しかし、高齢出産だからダウン症児が生まれるのではないことも重要である。つまり、高齢出産＝ダウン症児ではないということである。このことは、二つの意味で案外重要である。

第一に、高齢出産だからといってダメではないという意味で重要である。確かに高齢になればリスクは高まるが、逆にいえば、四五才以上であっても一〇〇人中三・三人しかダウン症児が生まれない。

第二に、ダウン症の子どもも、多くの危険をかいくぐって生まれるべくして生まれてきたのだという意味で重要である。高齢妊娠の流産率は非常に高くて、四〇代で二二%、四五才をすぎると五〇%という話もある。それに染色体異常の場合、その多くは流産になる。ということは、それほどまでも高い流産の確率をかいくぐって、生まれるべくして生まれてきたことになる。

## 4　おわりに――実験授業の結果から

実験授業は、一時間だけであった。もちろんこの授業は、一時間で終えることができるようなものではない。少しきちんとやろうと思えば、おそらく四時間くらいは必要なのではないだろうか。とはいえ、学校にお願いして、慣れない筆者自身が授業をするとなれば、全部はとうてい無理なので、第3段階の教材研究は、教師からの一方的な説明になった。また第4段階の、再び問題文を考えるところは省略しなくてはならなかった。本当は、この二つの段階を丁寧にやるのが望まれる。なぜなら、生徒自身でダウン症のことを調べ、それに基づいて話し合うことが、とても重要だからである。だがその余裕はなかった。

しかしそれにもかかわらず、生徒たちの反応と思考力は、こちらの予想をはるかに上回るものであった。生徒の感想を女子と男子の二名だけ紹介してみたい。

《二年女子》

あらためて、障がいのある人とどうかかわっていけばいいか、考えました。もし、私と同じクラスにダウン症の友達がいたとしたら、優しくしようと思います。だけど他の班の意見をきいて優しくしようと思うのは、その時点で軽べつしている、たしかにそうかもしれない。私は、きっとかわいそうだから仲良くしようとするんだと思いました。もし、私が障がいのある立場なら、みんなから悪くいわれたりするのは嫌だけど、かわいそうだと思われるのも少し嫌だと個人的には思いました。そして身内に障がいをもつ子がいたらどう思うだろうとも思いました。身内だから優しくするのかと。私は友達に障がいをもつ子がいたら、優しくするのかと。私は友達に障がいをもつ子がいたら、優しくしようとはするけど、だんだんいやになっていくと思います。なので、身内だったら優しくするのか、そうでなかったら優しくしないのか。この授業のテーマは、そこも難しいテーマだなと思いました。

《二年男子》

障がい者についての授業……。重く深い内容でした。

決して人事ではないなと思いました。もし障がい者がいたら、助ける。そんなことを言っても口だけの様な気がします。実際その場にいて、自分もいつも助けれるかどうかというと、そうじゃないと思います。自分はサッカー部です。サッカー部の友達に障がいを持った子がいます。自分はその子と仲がいいです。その子はどう思っているでしょうか。やっぱり自然に接することが大切なのでしょうか。改めて考える機会を与えてくれたのが、今回の授業でした。自分もそういうことについて、改めて考えないといけないと思いました。

この二人とも、自分をクリティークしている。二年女子は、「私は友達に障がいをもつ子がいたら、優しくしようとはするけど、だんだんいやになっていくと思います」とのべ、二年男子は、「もし障がい者がいたら、助ける。そんなことを言っても口だけの様な気がします」と述べる。二人とも自分をみつめて厳しい。

中学生ともなれば、自分を厳しくみつめる力がある。表面的な優しさを疑問視し、かといってどうすべきかとは答えがみつからない。そうした相剋する心をしっかりと持っている。道徳教育は、こうした自分の心をみつめる人間を作っていくべきなのではないだろうか。徳目を唱えさせるのは、教師や大人を満足させても、生徒たちからは見透かされてしまうだろう。答申にもあったように、「児童生徒に望ましいと思われる分かりきったことを言わせたり書かせたりする授業」をするのでは、到底こうしたクリティカルな生徒たちに対応できない。

そしてなにより徳目主義の怖いのは、自分でこうした問題を考えなくなってしまうところにある。私たちは、物言わぬロボット、あるいは口先だけの人間を育てたいと思っているわけではないだろう。私たちが望んでいるのは、いままでの社会規範では到底追いつかない難しいこれからの社会を、自分を問い直し迷いながらも、新たな規範を作っていく人間なはずである。

**参考文献**

合田緑「新型出生前診断、異常確定のうち九七%が中絶」(二〇一四年六月二八日取得、朝日新聞デジタル(www.

asahi.com/articles/ASG6W6636G6WULBJ013.html)
中央教育審議会答申「道徳に係る教育課程の改善等について」（平成二六年一〇月二一日）
NIPTコンソーシアム「母体血胎児染色体検査・検査の概要」（二〇一五年一月二七日取得、www.nipt.jp/index.html)
NPO法人アクセプションズ「ダウン症とは?」（二〇一四年一一月二五日取得、acceptions.org）
小笠原喜康「B. O. Smith の「実践判断力」育成論——「規範的教授単元」の考察を通じて——」（筑波大学大学院博士課程教育学研究科『教育学研究集録』五号、一九八〇年一月、一〇五〜一一三）
小笠原喜康（2005）『議論のウソ』（講談社現代新書、二〇〇五）
田岡尼「出生前診断で〝ダウン症の子が生まれるから中絶〟はアリなのか」（リテラ、二〇一四年七月二五日、lite-ra.com/2014/07/post-278.html)

# 第6章　臓器移植は是か非か

## 1　教材について――「ドナーカード」

中学生の道徳教科書（副読本）の中で、「臓器移植」を取り扱ったものは三社ある。いずれも中学三年生向けの教材である。今回は、その中で『中学生の道徳3　あかつき』（暁教育図書）に記載された「ドナーカード」という教材を取り上げる。

内容は臓器移植に関する新聞への二つの投書からなっている。一つめは、娘が脳死となった場合、娘の臓器を提供できないだろうという母親の気持ちが書かれている。二つめは、臓器移植の医療現場を見てきた医師からの投書である。

以下にそれぞれの概要を記載するが、この教科書の他に、教育出版と光村図書が発行している教科書にも臓器移植をテーマとした中学三年生向けの教材が掲載されている。本書では、どの教材でも授業ができるように、補助教材を用いながら、臓器移植を多角的に考える授業案を検討する。

**教材文1　「娘をドナーに私は出来ない」**

ある日、小学校四年生の娘が「お母さん。もしも私が脳死になったら、私の臓器提供する?」と突然きいてきた。母親は絶句し「子供は何よりも大切なもの。脳死というのは、脳の働きが停止し、やがて亡くなるという状態だけど、まだ息をしているし心臓も動いている。そんなあなたから内臓を取り出すなんて、お母さんは出来ない」と答える。しかし、母親は、以前に、臓器の提供を待ちながら死んでいった幼い子のニュースに接している。その時には、切なさを感じて涙した記憶がある。とはいえ、自分の娘が脳死になった場合、その娘の体から臓器を取り出すことはできないはずだ。そういう気持ちに対して「私の考えは挟いのでしょうか。自分勝手でしょうか」と、思い悩んでいる様子が書かれている。

**教材文2 「家族の場合に迷う臓器提供」**

投書主である医師は「移植医療は、多くの不治の病の患者さんに再び日常生活を与え、仕事も、スポーツも、そして出産までも可能とする医療である」と考えている。よって、自分が脳死になった場合には臓器を提供しようと考えている。

しかし、妻が脳死になった場合には「心臓が止まり体が冷たくなるまで抱擁していたいだろう」と医師は想像している。とはいえ、逆に、妻が「移植医療以外に助からないとなれば、ぜひとも移植医療を受けさせたいと願うであろう」とも書いている。投書主は、医師として臓器移植という治療の有効性を認めており、自分が脳死になった場合には臓器を提供する意志が示されている。だが、妻が脳死になった場合には、その臓器を取り出すことにためらう気持ちがあり、また妻が臓器の提供を必要とするときには移植手術を受けさせたい、という葛藤が、「あげたくない、でも、もらいたい」と正直に綴られている。

この「ドナーカード」という教材は、臓器提供の賛否を問うものではないだろう。臓器を提供する人、提供しない人、そして臓器の提供を受ける人、臓器の提供を求めない人、それぞれの考えや気持ちを知りながら、生命の尊さを実感することが、この教材のねらいとして適当だろう。そして、将来、自分や自分の家族が臓器の提供を必要とする病になった場合、臓器の提供を受けるのかどうか。また、逆に自分や自分の家族が脳死になった時に、臓器を提供するのかどうか。将来、このような判断を迫られるかもしれないことを生徒たちが自覚し、それまでにこの問題について考えておかなければならないという意識をもつことも、授業の大切なねらいとなろう。

## 2　この授業の基本姿勢——臓器移植が抱える問題を多面的に捉える

臓器移植。

非常に難しいテーマである。臓器が病に冒され、治る見込みがないのであれば、交換する以外に方法はないであろう。しかし、臓器の交換は簡単なことではない。まず、その費用は高額である。移植が難しい臓器については、「研究用」としてほぼ無料で手術が実施されることもある。だが、それも移植手術の数が多くなれば、すぐに有料になるだろう。高額な手術費用をどのように捻出するのか。

また、費用を捻出できたとしても、臓器の提供者はすぐには見つからない。二〇一六年二月一日の段階で、心臓の提供を待っている方が四六一名、肝臓の提供を待っている方が三七八名、腎臓については一万二八三八名の方が待っている（いずれも、日本臓器移植ネットワークに登録されている方の数）。

二〇一五年に行われた心臓の移植手術は四四回、肝臓は五五回、腎臓は一一三回（先ほどと同様に、日本臓器移植ネットワーク調べ）。これでは臓器の提供を待っている間に、どんどん症状が悪化してしまうだろう。このような事態を改善するには、大勢の人がドナー登録すれば良いのだ、と多くの生徒が考えるだろう。

しかし、ドナー登録することに、何か問題はないのだろうか。

不幸にも、生徒の家族や生徒自身に「脳死」という災いがふりかかってきた場合、「脳死」を受け入れて、家族や自分の臓器を取り出すことに問題はないのだろうか。そのような判断が迫られる時までに、「臓器移植」や「脳死」について知り、考える機会が必要であろう。

そこで、まず臓器移植にかかわる問題点を概観することから始める。


一九九七年六月、脳死者からの臓器移植を認める「臓器移植に関する法律」(臓器移植法)が国会で成立した。この法律が制定されるまでに、十年近くが議論に費やされた。主な論点は以下の二つであった。「脳死」を人の死と認めるかどうか。もう一つは「脳死」の状態になった人間から臓器を取り出し、他の人間に移植することが許される行為なのかどうか。

「脳死」とは「脳幹を含む脳全体の不可逆的機能停止」と定義される。この定義に従えば、もし心臓が動いていたとしても、脳が死んでいれば(不可逆的に機能が停止していれば)その人間は死んでいることになる。心臓が動いているのであれば血液は体に循環しており、体には体温がある。脳の機能が停止していれば、ほどなく心臓も停止するが、人工呼吸器を用いれば、血流の循環は継続され、体の温もりも消えることはない。脳死に反対する人たちは、そのような理由によって、「三徴候死」(心臓の拍動の停止、呼吸の停止、瞳孔の拡大)こそが人間の死であると主張していた。

一方、脳死を人の死と認める側の人たちは、脳死の状態であれば、いずれ必然的に心臓は止まることを強調し、海外では脳死を人間の死と認める国が多く存在することも、賛成する根拠としていた。

脳死を人の死と認めるのかどうか。言い換えれば、どこから、何をもって人間の死と考えるのか。これは非常に難しい問題である。医師や哲学者など、その道の専門家たちの間でも意見が分かれ、いまだに結論が出ていない。しかし、一九九七年に臓器移植法は成立した。

だが、このような状況を慮《おもんぱか》ってか、臓器移植法の条文には、「脳死が人の死にあたるかどうか」の判断は書き入れられなかった。条文に明記されたのは、「脳死になった人から臓器を取り出すことができる」、という点に限られたのであった。さらに、臓器を取り出せる条件として、脳死になった人が生前に「(もし脳死の状態になったら)臓器を移植手術のために提供する」という文書を残していることと、その上で遺族が(亡くなった方の)臓器の提供を承諾した場合に限定されることが付記された。

この法律の下で、脳死状態の人から臓器を取り出すことが可能となり、実際に多くの臓器移植手術が行われた。そして、この間、またいくつかの新しい問題が明らかになってきた。

まず、臓器移植に反対していた人たちは、自分たちあるいは自分たちの家族が臓器を取り出されることはなかったはずである。なぜなら、生前に「臓器を移植手術に提供する」と意思表示していなければ、臓器を取り出される恐れはなかったからである。だとすれば、反対していた人たちは、おおむねこの法律に満足していたのだろうか。いや、そうではない。

法律の制定に反対した人たちは、「脳死の判断が難しいこと(脳の機能が停止しているのかどうかを調べることは非常に難しく、誤診するケースもある)」の他に、「主に海外であるが、臓器売買が行われていること」や、「今後、脳死状態での臓器移植が定着すれば、それを拒否する人に対して圧力がかかる恐れがあること」なども問題視していた。以下に詳しく整理してみる。

まず、「脳死の判断が難しい」という点について。脳は大脳、脳幹などに分けられるが、仮に脳死を大脳の死ということにしてみる。大脳は人間の認識や判断を司っているので、それが機能しなければ話すことや考えることはもちろん、人間が人間として可能であるほとんどのことができなくなると言ってよいだろう。であるならば、大脳の死を脳死と考えてよいか。

しかし、脳幹が働いているのであれば、呼吸をすることが可能である。いわゆる植物人間状態でも死んでいることになってしまう。実際に、ご家族や友人がそのような状態にある方に伺えば、「この人は生きている」とお答えになる方が少なくないだろう。まだ、体が温かく、おしっこも出ていて、蘇生する可能性がゼロではないのだ。

では、大脳ではなく、脳幹の死を脳の死と考えた場合はどうだろうか。脳幹が働いていなければ呼吸ができなくなる。そのままではいずれ心臓が止まってしまう。しかし、人工呼吸器をつければ、心臓が止まらずに動き続ける場合がある。それに、脳幹が働いているかどうかを死の判断材料にした場合、ごくまれな現象のようだが、大脳が機能しているため、意識がある場合が存在する。海外ではそのようなケースの報告が数多くある。（次節で詳しく紹介する）。このように、一言で「脳死」といっても、その判断は容易ではないのだ。

また、その他に臓器売買の問題も見逃すことはできない。主に、経済が困窮している国や、非民主的な国に住む貧しい人々が、自らの意思に反して、あるいはそれを問われることもなく臓器を取り出して売っている。現在臓器移植の恩恵を受けている人の多くは、裕福な国の、その中でも裕福な人である。このような現状を見逃して良いわけがない。現在の臓器移植をめぐる状況には、このような問題も存在しているのだ。

一方で、臓器移植に賛成した人たちや、実際に臓器移植を行っている医師にとっても、一九九七年の法律には問題があるようだ。先ほどから繰り返しているように、臓器を提供する人は、脳死になる前に書面で「脳死状態になった場合には、臓器を提供します」と残しておく必要があった。このような制限がついていると、不慮の事故で脳死になった人の臓器を取り出すことができない。何かの病で入院をしていて、その病状が非常に悪い人の臓器よりも、事故の直前まで元気に動いていた臓器の方が、機能的には優れているのが現実である。また、「本人による生前の意思表明が必要」という制限があると、未成年である子どもの臓器を取り出すことができない。臓器移植の機会を待つ子どもの患者は少なくない。体が小さな子どもを救う臓器は、小さいサイズであることが求められるのだ。

このような新たな問題が出てきた後、当時の法律は見直しが求められ、二〇一〇年七月に臓器移植法は改正された。その結果、脳死になった人が生前に書面を残していなくても、遺族の意思表示によって臓器を取り出すことができることとなった。突然の交通事故で脳死になられた人や、脳死状態の子どもから臓器を取り出して、移植することが可能となったのである。それによって救われ、その後長きにわたって健康に輝いた命もあると思えば、法改正は正しかったことになるが、「どこからが人間の死か」という脳死の妥当性や臓器売買など、解決していない問題は依然として多いのである。

以上、簡単に「臓器移植」にかかわる問題を整理してみた。先ほども述べたように、臓器を移植する手術の是非については、専門家の間でも賛否が分かれている。そのような難問を中学生に考えさせ、議論させるのは酷《こく》であるかもしれない。しかし、いずれ生徒たちはこの問題に向き合うことになる。幸いなことに、臓器を移植する手術を受けることなく生きながらえるかもしれないが、臓器の提供者となるべくドナー登録を求められることはあるはずだ。そのような重要な選択を迫られる前に、臓器移植が抱える問題について多面的に知り、考えていく必要があるだろう。

## 3 授業の進展段階

### ◇第1段階　あなたは臓器移植に賛成ですか、それとも反対ですか

まず、教材を読む前に、「臓器移植」を知っているかどうか全員に尋ねる。学年やクラスによっては、その前に臓器の名前や働きについて質問をしたり、説明をしても良いだろう。臓器移植を知っていると答えた生徒に対して「では、臓器移植って何?」と質問をし、知っていることを答えてもらう。この段階では、生徒が出す答えについて特に何も論評をせず、数名の回答を聞いた後に、臓器移植に賛成か反対かを全員に尋ね、その答えを理由とともにワークシートに書いてもらう。

臓器移植に関する安全面や人権上の問題などを考える前から、結論めいたことを訊《き》くのは乱暴かもしれな

い。しかし、授業の前に考えていたことをはっきりさせておくと、授業を通して自分の考えがどのように変わったのか、深まったのかが後で分かる。そのために、臓器移植に賛成か、反対か、できればその理由も書いてもらう。一部の生徒から「決められない（賛成、反対、どちらともいえない）」という答えが出てくるだろうが、それでも構わない。また、賛否の答えだけが書かれていて、理由が書かれていないシートもあるだろうが、この段階では問題にする必要はないであろう。授業が進むにつれて、漠然とした意見（イメージ）の根拠がはっきりしてくるに違いない。

ワークシートを書いた後、臓器移植への賛否の立場と、その理由を生徒たちに発表してもらい、その答えを整理しながら（重複しているものをまとめ、誤解しているものを取り除き）、それらを黒板に箇条書きで書き出す（パソコンとプロジェクターを使っているなら、文字を打ち込んで映写する。以下同じ）。そして、それらを読み上げながら、あるいは生徒に読み上げてもらいながら内容を確認する。ここでは、自分以外の人がどのように考えたのかに触れることが目的になる。その後、冒頭に紹介した教材を全員で読む。

### ◇第2段階　賛成・反対それぞれの理由を知り、それについて考えよう

二つの教材を読み終わった後に、改めて賛成・反対、その理由をワークシートに書かせる（考えの変遷は残しておきたいので、先ほど書いたものはそのままにし、別の欄に記入させるようにする）。そして、同じように、黒板に整理しながら書き出す。黒板に余裕があれば、先ほど板書したものを残し、その横に併記しておくと良いだろう。

さて、賛成・反対に関するいくつかの根拠が挙がり、少し論の整理がついてきたと思われる。この後、生徒たちから挙げられた賛否の根拠について順番に検討していく。

まず、教材の順番に添って、賛成の理由から見ていく。

賛成の理由として、臓器の提供を待ちながら苦しんでいる方々を思いやったものが挙がっていると想定される。例えば、以下のように。
・臓器の提供を受ける人の生命が保たれるから
・死んだ人の臓器が役立つなら、有効に役立てた方が良いから
・自分の臓器を提供したい、と希望しているのだからその意志を尊重しなければ
・医学の進歩に貢献するから
・進歩した技術を使って、より良い暮らしをするは当然のことだから
次に反対の理由を考えていく。以下のようなものが挙がっているのではないだろうか。
・脳が死んでいるだけで、その人を死んでいると決められないから
・成功してもずっと強い薬を飲み続けるし、元気になれるわけではないから
この段階では、多くの生徒が「臓器移植には賛成」という考えだと思われる。臓器の提供を待っている患者さんや、そのご家族の心情を考えれば無理もない。進んで臓器の提供を申し出た人に感動する子も少なくないのではないだろうか。しかし、臓器移植には様々に考えなければならない難しい問題がある。そこで、生徒たちに、「反対の理由は、この他にないのかな?」と尋ねて、臓器移植が抱える問題点について考える

下地を作る。ここで生徒の方から何か出てくれれば板書に追記する。もし何も出てこなければ、先生が次のことを黒板に書き足し、第3段階に進む。この中に、もし「生徒たちにとって難しいのでは」と思われるものがあれば省いて構わない。

・お金持ちが優先的に手術を受ける可能性があるから
・(命が)「役に立つ・役に立たない」という生命観を持つ危険性があるから
・ドナーカードを持っている人をねらった殺人事件が起こるかもしれないから

### ◇第3段階　ドナー登録はした方が良いのか（脳死は人間の死ですか）

まず、生徒たちに次のような質問をする。

「あなたはドナー登録しますか？　つまり、死んだら臓器を提供しますか？」

その回答を理由とともにワークシートに記入させる。この段階では「登録しない」と回答する生徒は少数派であろう。恐怖心などから「分からない」と答える生徒も少なくないかもしれないが、おおむねは登録に肯定的だと推測される。

続けて、日本では臓器提供者は無報酬であることと、レシピエント（臓器の提供を受ける人）は支払う費用の額とは無関係に、登録順に手術を（提供される臓器を）待っていることを確認し、現在のドナー登録者の数を調べさせる。もし教室にインターネットの環境が整っていて、パソコンやタブレットが揃っていれば、生徒に調べさせる。そういう環境でなければ、先生が用意してきた答えを提示する。

〈参考データ〉
臓器提供意思現登録者数……一三万二四六四人
臓器移植希望登録者数……一万二八二五人
（二〇一六年一月三一日現在。日本臓器移植ネットワーク発表）

ドナー登録をしていても、それを公表していない人もいるので、この数字が実数でないことを確認しておいて、次に以下のように質問する。

「ドナー登録は『死んだら自分の臓器を提供します』という意志の表明だけど、なぜ登録者は増えないのだろう？　死んだら、もう終わりなのだから、臓器をあげてもいいのではないか？　でも、ここでとても難しい問題がある。それは、どこからが死なのかということ。さて、みんなは、人間の死は、どこからだと思いますか？」あるいは「死（死んでいる人）とは、どういう状態のことだろう？」

生徒からは「心臓が止まってから」、「脳が働かなくなってから」、「息をしていない時」などという回答があるだろう。

それらの回答を受けて、次のように説明しながら問いかける。

「実ははっきりしていないんだ。どこからが死んでいる状態なのかがはっきりしないというのは変だから、仮に『心臓が止まると死』だとしよう。でも、そうすると、臓器移植はできないんだ。他の臓器の機能が低下してしまうからね（厳密に言えば、心停止後であっても、腎臓と膵臓の移植が可能である場合があるが、それを話すと混乱を招く恐れがあり、またここでは「脳死」について考えさせることが狙いなので、それについては触れずにおく）。

『心停止』を人間の死と考えるのではなく、『脳死』（脳が動かなくなること）を人間の死だと考えなければ、心臓や肝臓、肺などの臓器移植はできないんだ。だとすると、脳死を人間の死と考えた方がいいのだろうか。しかし、『脳死』を人の死と認めることに反対する人たちもいる。そう考える人たちの根拠には、どのようなものがあるのだろうか」。

脳が働いていなくても心臓が動いている患者さんはいる。人工呼吸器をつけている方や、「遷延性意識障害《せんえんせいいしきしょうがい》」、いわゆる植物人間状態（大脳を損傷しているが、脳幹や中枢神経系、循環器などが機能している状態）と呼ばれているような方がそうである。そのような患者さんの中には、生き返る（意識を取り戻す）方もいる。例えば、次に紹介するザック・ダンラップさんは、脳死から蘇生したケースだ。

二〇〇七年一一月、アメリカのオクラホマ州で交通事故に会い、病院に搬送されたザック・ダンラップという二一歳の青年が、正式に脳死と判定され、臓器摘出の準備が進められた。しかし、親族（看護師の従兄弟）が足の裏などを強く刺激したところ反応があったため、臓器移植は中止された。そして、その後ダンラップさんは蘇生し、二〇〇八年三月二三日、米国のNBC Newsのインタビューを受けた。その中で、自身が脳死と判定され、臓器を取り出されることになるという医師らのやり取りを聞いていたと答えている。

インタビュアー「医師が何を言ったか覚えていますか。」
ダンラップ「自分が死んだと言っていました。」
インタビュアー「聞こえていたのですか。」
ダンラップ「聞こえていました。心は、張り裂けんばかりでした。」

これによると、脳死は植物状態と同様に、意識障害ではなく意思疎通障害である可能性がある。ダンラップさんは、自分に対する死亡宣告と臓器摘出の準備の様子を把握していたが、声や身振りで自分に意識があることを相手に知らせることができなかったのだ。このようなケースはダンラップさんだけではない。(『いのちの選択　今、考えたい脳死・臓器移植』一六‐七頁より。マーガレット・ロック著『脳死と臓器移植の医療人類学』一九六‐七頁、に他の例が出ている)。

また、その他に、「ラザロ徴候」と呼ばれる現象がある。ラザロ徴候とは、脳の機能が停止している状態で、身体に刺激を与えると手足が動く現象である。何も刺激を与えなくても、手を挙げたりすることもある。ラザロ徴候は決して珍しいことではない。筆者は直接見たことはないが、YouTubeなどの動画サイトには多くの映像がアップロードされている。

そのようなこと以外にも、そもそも脳死状態の人から臓器を取り出す時に、医師は患者に全身麻酔をかけ、筋肉弛緩剤を投与する。そうしないと、手術中に脈拍や血圧が上昇し、暴れ出すことがあるという。このように考えると、果たして、脳死は本当に人の死と言えるのだろうか。

脳死を人間の死と認めることへの疑問として、以下のような問題もある。

植物人間の状態であったり、人工呼吸器をつけている患者さんを持たれたご家族の方は、その方が死んでいると思うだろうか。死んでいると思う方もいるだろうが、次に挙げるご家族のように、死んでいないと思っている方もいる。

小松美彦さんらが書いた『いのちの選択　今、考えたい脳死・臓器移植』には、二歳八ヶ月のときに原因不明の急性脳症に見舞われ、脳死と診断された女の子の話が紹介されている。その女の子は脳死と診断されたにもかかわらず、病室で人工呼吸器をつけながら生きている。女の子の顔は血色がよく、頬は薄桃色をしていて、太ももには柔らかな張りがあるという。お母さんが添い寝をして、「となりのトトロ」や「おかあさんといっしょ」の挿入歌を歌うと、心拍が九〇台から一一〇台に上がる。

脳死が人の死なのかどうかについては、医師や哲学者などの間で議論が続いている。その判断を中学生に討議させることには無理がある。しかし、いつ生徒本人や、生徒の家族が脳死の状態になるか分からない。その前に、自分や家族が脳死になった時、臓器の提供を申し出るかどうかを考えさせたい。その理由は、なるべく臓器提供の意思表示をする人間を増やしたいからではない。その逆に、増やしたくないからでもない。それは生徒たちが授業を通して決めることである。

生徒たちに、身近な人が脳死になった場合を想像させながら、脳の機能が停止していながらも、心臓や肺が機能している患者さんをもったご家族の心情を知ることが、ここでのねらいである。その過程で、命や家族の有り難さについて切実に考えることもあるだろう。この点に留意しながら、時間が許す限り、それらについて向き合うように授業を進めたい。

## ◇第4段階　臓器の提供を待っている方々の状況や気持ちを知ろう

では、今度は逆に、「あなた、あるいはあなたの家族が臓器の病気になったと仮定します。その時、臓器の提供を受けますか?」と生徒に訊く。多くの生徒は迷い、少し混乱するだろう。東京都内の中学校でこの授業をさせてもらった時にも、この質問の答えに窮する生徒が続いた。口を開いた生徒たちの答えは「(自分や家族の)臓器をあげたくないけど、(自分や家族が)病気になったら、もらいたい」というものだった。中には、「自分は身勝手な人間なので(同じように、あげたくないけど、もらいたい)」と前置きする生徒もいた。

先ほど、脳死について考え、その中で「臓器の提供は、簡単にはできないな」と考えていた生徒たちが、親などの肉親が臓器の提供を待っている状況を想定した場合、おそらく混乱するだろう。「親が脳死になった場合には脳死を認めず、臓器の提供を拒むにもかかわらず、親が臓器の病気になった場合には、臓器の提供を望む」という自己矛盾した状態に向き合い、そういう自分を「身勝手な人間だ」と思う生徒も少なくないであろう。これは非常に難しい問題である。果たして、臓器提供に同意できないなら、臓器移植を望んではいけないのだろうか。

その答えを探すために、ここで『もっと生きたい！　臓器移植でよみがえった命』(池田まき子)という教材文を読む。最愛の娘が心臓の病気になり、心臓の移植手術をしたご家族の物語である。

【補助教材1】（概要）

『もっと生きたい！　臓器移植でよみがえった命』　池田まき子著

お父さんは、娘さんが倒れたという電話を受けて、急いで病院に駆けつけました。

お医者さんは険しい表情で「急性心筋梗塞で心肺停止にまで陥りましたが、なんとか命は取りとめることができました。これから詳しい検査をしますが、心臓に問題があるようです」。

お父さんは娘さんがふびんでやりきれませんでした。

お母さんは、娘さんが十歳のとき、ガンで亡くなりました。

また、二歳上のお姉さんは、「大動脈弁狭窄」という先天性の異常のため、生まれて二週間目に「低酸素脳症」になり、脳に障害が残ってしまいました。お母さんが最初に入院したとき、娘さんは五歳でした。まだまだ甘えたい盛りだったのに、泣いたりさびしがったりすることもなく、お姉ちゃんの世話までしてくれました。娘さんはがまん強く、優しい子だったとお父さんは振り返ります。

その後、十二歳まで成長した娘さんは、再び大きく体調を崩します。その時、お医者さんは「助かる道は、心臓移植しかありません」と告げました。続けてお医者さんは、お父さんにこう言いました。「日本でも臓器移植は行われていますが、ドナーが少ないので、何年も待たなければなりません。それに、大人の心臓は大きくて、子どもの胸には入らないので、同じような年齢の子どもから提供してもらわなければならないのですが、日本では十五歳未満の子どもがドナーになるのは認められていません。娘さんの場合、子どものドナーを求めて海外に行くしかないのです」。

この本には、娘さんが病と戦う様子や、お父さんが苦悩する姿が、より細かく書かれている。ぜひ、授業では生徒たちに詳しく読んでほしい本である。

読んだ後に、生徒たちに感想を求めると、娘さんや、お父さんの気持ちに寄り添おうとしたり、お二人の状況に同情するものが数多く出るであろう。しかし、同時に、「臓器の提供はできない」と考えていた生徒たちの混乱は深まるだろう。

「親が脳死になった場合には、脳死を認めず、臓器の提供は拒むにもかかわらず、親が臓器の病気になった場合には、臓器の提供を望む」。

このことについての答えが、ますます分からなくなったのではないだろうか。

少し時間をおいた後、教師の方から次のような助け船を出して、この難題に悩むことをいったん終わりにさせて良いだろう。

「今すぐ答えを出す必要はないと思います。でも、いつか答えを出さなければならない時が来るかもしれません。その時までに、何をしますか？　この問題について、この先、どうやって考えていきますか？」

実験授業をした東京都内の中学生たちの場合、数名の生徒が「本を読んだり、テレビや映画を観て、自分の考えを作っておく」と答えた。他の生徒の多くが、この答えを支持していたようだ。本当にそういう覚悟をしたのかどうか、心の中を調べる術はないが、以下のような問いかけをして、第4段階を締めくくった。

「家族の人が重い臓器の病気になり、移植手術を待ち望んでいる人がどんな気持ちでいらっしゃるのか。また、家族の人が脳死となったが、でも人工呼吸器を外したくないと強く願う人が、どんなお気持ちなのか。

そういうことを少しでも想像する人たちが大勢いる社会は、優しい社会なのではないだろうか?」

うなずく生徒は一部であったが、ほとんどの生徒が何かを考えている顔をしているように見えた。

## ◇第5段階　お金持ちの人と貧しい人の命の重さは違うのだろうか

授業をしている学年が低学年の場合は、第4段階で授業を終わらせても良いだろう。しかし、中学三年生、あるいは高校生の授業であれば、臓器移植が抱える社会的な問題についても考えさせたい。

引き続いて、生徒たちに次のような質問をする。

「臓器移植を待っている人は、全員が順番通りに手術を受けるのだろうか? 順番を飛び越えるような方法はないのだろうか?」

インターネットで調べるように指示すれば、生徒たちは「(お金持ちは)海外の病院で手術を受ける」、「臓器の売り買いをしている国がある」という回答を出すだろう。もし出なければ、先生の方からそれらを提示し、次のように問いかける。

「そうだね。臓器の提供者が多い国の病院に行って、手術をするんだね。でも、それは良い方法なのかな?」

生徒は、「海外の人たちが受け入れてくれるなら、外国へ行って手術を受けてもいい」というかもしれない。そこで、現在、いくつかの国で徐々に「外国人への臓器提供をやめよう」という声が強くなっていることを告げる。

「このような『外国人への臓器提供をやめよう』という声は悪い声かな？　でも、もし日本の病院に外国人の患者さんがたくさん来たら、どうだろう？　その人たちを先に手術してもいい？　それが嫌だったら、海外の人たちが『外国人へ臓器提供しない』という判断をしても仕方がないのではないだろうか？　もし仕方がないなら、さて、どうする？」

インターネットで調べた生徒の中には「だったら、臓器を買えばいい」と答える生徒がいるかもしれない（答えなければ、先生の方から提示する）。その後で、次のように問いかけをする。

「臓器って売ってるの？　どんな所で、どんな人が売ってるの？」

この質問の後で、生徒にそのことを調べさせても良いが、一部のサイトは不正確であったり、かなり誇張した表現をしているので、先生の方で、次のような「臓器売買」に関する資料を準備しておく。

【補助教材2】

『レッドマーケット——人体部品産業の真実——』

スコット・カーニー著、二宮千寿子訳

二〇〇四年のクリスマスの翌日、インドネシアのスマトラ沖で地震が発生した。いくつもの衝撃波が海底を疾走し、巨大なエネルギーの塊と化した水壁がインドとスリランカの沿岸を襲った。津波は二〇万を超える人命を奪い、無数の家族を引き裂き、果てしない難民の列を生むなど、壊滅的な被害を残した。NGOや両国の政府は、地域に多額の援助を注ぎ込んで被災者たちの生活の再建をはかった。その一方で、企業家精神あふれるいくつかの病院や臓器ブローカーは、この悲劇を、津波難民の腎臓を売って巨額の利益を手に入れる恰好の機会と受け止めたのだった。

インドのタミル・ナードゥ州に、津波被害者を収容するこのうえなく貧しい難民キャンプ、ツナミ・ナガールがある。（中略）ツナミ・ナガールから一キロ半ほどのところに住むマリッカのケースを紹介しよう。三三歳の彼女が腎臓を売る決意をしたのは、他人の洗濯をして手にするわずかな金に頼る暮らしから抜け出したかったからだ。だがその決断は、息子の敵と引き替えになったのかもしれない。私は魚の腐臭と未処理の下水が臭う通りに建つ、彼女の一部屋だけの小屋を訪ねた。マリッカはひどく汗ばんでいた。だがそれはチェンナイの耐えがたい暑さのためではなく、彼女の腎臓を取って売り払った医師たちがきちんと術後のケアをしてくれなかったせいなのだと、彼女は訴えた。

津波のわずか数日前、いまは船着き場の近くで喫茶の屋台を営んでいるラジーというブローカーが、彼女の金銭問題の解決に手を貸してあげようと声をかけてきたのだった。彼の申し出は明快に思えた。腎臓に三〇〇〇ドル、手つけに七五〇ドル。いまだにその金額を思うだけで、マリッカの顔はほころんでしまう。数日のうちに偽名の書類がそろい、ラニ同様、彼女も役所関係のハードルを難なくクリアした。ほどなく彼女はタミル・ナードゥ州の小さな町マデュライに送られ、そこで待ち受けていたラジーのネットワークの仲間が、海外にも知られているアポロ病院の分院に彼女を連れていった。摘出された腎臓は、臓器移植ツーリズムで訪れていた裕福なスリランカ人に移植された。

警察の記録によると、その人物は手術の代金に一万四〇〇〇ドルを支払っている。回復は思ったより手間取り、マリッカは二〇日間マデュライに足止めされた。病院は彼女の宿泊代を出すことを拒み、術後の薬代すらマリッカが自腹を切らなければならなかった。だがチェンナイに戻ると、ラジーは一ルピーたりとも余計に払うつもりはないと突っぱねたのだった。

二年間、支払いを求めつづけたあと、マリッカは警察に苦情を申し立てた。腎臓をだまし取られたと訴えたのだ。だが警察の見解は異なっていた。ラジーを腎臓売買のかどで逮捕したあとで、マリッカに対しても、自分の腎臓を売ることに同意したことで逮捕すると警察は脅した。「どちらも法に違反したのですよ」と警察本部の私服刑事は言った。「片方を告訴したら、もう一人も逮捕しなければなりません」。一週間後、ラジーは警告を受けただけで釈放された。警察の調書に記された住所に行くと、彼は小さな喫茶の屋台をやっていた。甘ったるいネスカフェを温めながら、ラジーは、自分のほうこそ犠牲者なのだ、と語り始めた、「私はただ人助けをしているだけです。私は腎臓がだめになって死にかけている人を知っていて、腎臓を売りたがっている人も大勢知っている。そのどこが問題なんです？　これは合法化されるべきですよ」。宙に浮いた差額についてたずねると、彼はマリッカに七五〇ドル以上の全額を提示したことはないと言う。「私は彼女に正当な金額を示しただけです」。それに、何層にもなるブローカーや医師たちと売り上げを分け合うと、彼の手取りは三〇〇ドルほどにしかならなかった、と付け加えた。

手術以来、マリッカの体調は完全には戻らない。さらに、彼女の一〇代の息子カナンがB型肝炎にかかり、腎臓が機能しないという事態が発生した。「息子にもすぐに移植が必要になるでしょうが、私には彼にあげる腎臓がないのです」。たとえただで治療をしてくれる病院が見つけられたとしても、彼女には腎臓を買えないだろう。インドでは、人体の組織は社会的階層を上りこそすれ、下ることはない。

この文章を読んだ後、多くの生徒は当惑し、臓器売買ビジネスに嫌悪感を示すと想像される。そのような生徒たちに「なぜ臓器売買はいけないのだろう?」と問いかければ、「人間の臓器を物のように扱っていて、嫌だから」というような答えを出すであろう。そこで、教師は次のように質問する。

「ここで名前が挙がっているインドの他にも、フィリピンやパキスタンなどの国で、貧しい人たちが生きていくために臓器を売っている。それでも、臓器売買を認めないのか？　もし臓器売買に絶対反対なら、そのように貧困にあえいでいる人たちは、どうやって生きていけばいいのか?」。

おそらく生徒から明快な回答は出ないであろうが、それは当然だろう。この質問は、生徒たちだけでなく、大人にとっても難問である。貧困は世界中に存在する。それらの貧困の原因は悪意をもった支配層にあるかもしれないし、行政の失敗や怠慢にあるかもしれない。または、生活に困窮する人々に対して、見て見ぬ振りをしている人々に大きな責任があるのかもしれない。そのことについて深く追究する授業展開は貴重だと思う。場合によっては、「臓器移植」の単元をここで切り上げ、次に「貧困」をテーマとした単元を始めても良いだろう。ここでは、もう少し続けて、人間の身体に対する尊厳について考える授業を展開してみたい。

「この話にあるような悲しい現実は、なぜ生まれているのだろう？　悪いのは、いったい誰なのだろう？　臓器を売る人なのだろうか？　あるいは買う人なのだろうか？　もし、売る人が、あるいは買う人も悪いとすれば、何かそれに代わる方法はあるのだろうか？」

生徒たちから案が出れば、それについて他に生徒の意見を訊くのもいいだろうが、その後に、以下の話を紹介して、生徒たちに考えさせたい。

イギリスの社会学者で、リチャード・ティトマスという人がいる。ティトマスは、誰かが血液や臓器を必要としている場合、つまり輸血や臓器移植が必要な場合には、それら（血や臓器）を売り買いするのではなく、寄付する仕組みを作ることが重要だと主張している。ティトマスは、人間の身体やその一部は「贈り物として交換されるべきである」と唱えている。そうすれば、臓器のブローカーや裕福な者が、貧しい者から臓器を買うことはなくなる。（現在、日本国内で行われている臓器移植は、全てドナーからの寄付で行われている。この点ではティトマスが言う理想的な方法で実施されていることになる）。

だが、寄付行為に頼った場合、提供される臓器の数は、非常に少なくなる可能性がある（日本国内で実施される臓器移植手術の数が少ないのは、寄付行為に頼っているからかもしれない）。自分の家族が脳死と診断されても、それを受け入れずに看病を続ける人たちがいることは、先ほどの授業（第2段階）でも触れた。

寄付行為という提案は、臓器売買または臓器移植が抱える様々な問題を解決する名案とは言えないだろう。しかし、人間あるいは人間の身体というものの尊厳を重視した場合、この方法は優良な方法と言えるのではないだろうか。少なくとも、生徒たちには、そのような観点について考える機会を与えたい。

臓器売買をビジネスと捉える視点を「悪魔の所業」と断罪することはできるかもしれない。しかし、この授業では罪の審判を下すよりも、複数の視点から考えたり、様々な立場にある方々の心情を知ることの方が学習目標として適切だと考える。その理由は、第2章で論じてきた。その論拠に従い、ここでは答えらしきものを出さずに、以下の質問に対して、生徒個々の考えをワークシートに書かせて、授業を終わりにしたい。

「貧しい人たちを救う方法は何だと思いますか？」

「臓器移植手術を行う場合、誰かの臓器を買うことを認めますか？（理由も書いて下さい）」

「人間や、人間の身体というものは、お金に換えられるものだと思いますか？（理由も書いて下さい）」

ワークシートは回収し、重複しているものを整理しながら、後日無記名の形で生徒たちの意見を掲示する等して、皆で共有する。「臓器移植」をテーマとした授業は、ここで終了する。

## 4　おわりに

東京都世田谷区内の中学校で実施した実験授業の後、生徒たちから寄せられた感想の一部を紹介する。

・今回の授業は本当に重く、考えさせられるものでした。私自身、もし家族または自分が病気にかかり、臓器移植しなければ助からないという状態になってしまったら、「絶対」というほどどうすると思います。ですが、「人からもらう」という選択肢はありますが、「人にあげる」という選択肢は私の中には出てきませんでした。……全くといっていいほど、考えたこともなかった今回の話ですが、深く考えることができました。

・貧しい人たちが臓器を売ってお金を得ないといけない気持ちも分かるし、その貧しい国をどうするのかも、政府に関係しているので、この話は、一部だけでなく、私たち全員に関係する大切なことだと思った。

・もしも自分の父さんや母さんが脳死と判断されたら人工呼吸器をつけるし、もしも病気だったら移植を希望すると思う。手術をするという判断をつけるのが難しいから移植手術はなかなかできないもんなんだと思った。

・映像を使って「脳死」というものをリアルに感じ、何かが分かったというよりは、人が死ぬという事が本当はどこからなのかという疑問が更に大きくなりました。こういう「死」についての話は知れば知るほどたくさんの疑問がでてくるんだなと思いました。しかし、もっと知ってみたいなと思いました。

・「死」を判定するのは難しいことだとわかった。臓器移植する時、臓器をあげる側、臓器をもらう側どちらを優先させるべきか難しいところだなと思った。自分がその立場になった場合、どう行動するかと考えさせられた。「脳死」の場合、本当に死んでいるのか、本当は生きているのか、とても難しいと思った。自分の意見でいうと。自分であったら臓器移植のドナーになってもいいと思う。自分の臓器で他の人が生きてくれたら、素晴らしいことではないかと思う。でも身内がそうなった場合、身内の臓器をわたさないと思う。

・この授業で、遠い存在であった臓器移植についてのことを深く考えることができました。よく知らない、わからない「脳死」のことも、実際映像を見たことで、実感がわいたし、目の当たりにしている家族の気持ちはどんなものなんだろうと考えさせられました。

・僕は、今回の授業を通して、病気というものを改めて考えたとともに、人間の自分勝手さを学んだ。これまで生きてきた一四年間、手術をしたこともなかった。だから始めに臓器移植というテーマを聞いたとき、ひとごとに聞こえた。しかし、いつ病気にかかるかはわからない。明日かもしれない、一年後かもしれない、一〇年後かもしれない。わからないからこそ日頃から考えておくべきだと思った。また、家族が脳死してしまうかもしれない、そんな状況になったとき、他の人のために臓器をあげるかと聞かれたら、あげないと思う。でも、もし自分がかかったら他の人からの助けを求めてしまうと思う。自分や自分の身近な人のはあげないくせに、自分はもらおうとする。本当に自分勝手だと思う。ほとんどの人が同じ意見だと思う。そして、これからもその考えが変わることはないと思う。ようするに、僕はみんなあげなくていいと思う。これは今このような健康な状況だから言えるだけだと思う。でも、大多数の人がもらいたい、でもあげる人はごく一部。そしてもらった人はいいが、その他に多数の人は亡くなってしまう。これは平等ではないと思う。それなら、みんなもらわず死んでいくのが一番いいと思う。でも、こんなふうにはならないと思う。だからよくわからない、人間だから。

最後に、これまでの授業で取り上げたように、臓器移植には様々な問題があるが、このような状況も、「人工臓器」や「ｉＰＳ細胞」という研究が進めば、解決されるかもしれないことは紹介しておいた方がいいだろう。そうすれば、いたずらに将来を悲観しなくて済むだろう。それらについて解説して、「『脳死』や『臓器移植』問題の答えは、未来にあるのかもしれない」と生徒に伝えて、授業を終えるのも良いだろう。

**参考文献**


相川厚『日本の臓器移植――現役腎移植医のジハード――』（河出書房新社、二〇〇九）
池田まき子『もっと生きたい！――臓器移植でよみがえった命――』（岩崎書店、二〇一二）
スコット・カーニー『レッドマーケット――人体部品産業の真実――』（二宮千寿子訳、講談社、二〇一二）
小松美彦『脳死・臓器移植の本当の話』（PHP新書、二〇〇四）
小松美彦ら『いのちの選択――今、考えたい脳死・臓器移植――』（岩波ブックレットNo.七八二、二〇一〇）
リチャード・ティトマス『社会福祉と社会保障――新しい福祉をめざして――』（三浦文夫訳、東京大学出版会、一九

七一）
マーガレット・ロック『脳死と臓器移植の医療人類学』（みすず書房、二〇〇四）
吉開俊一『移植医療　臓器提供の真実——臓器提供では、強いられ急かされバラバラにされるのか——』（文芸社、二〇一三）
「ドナーカード」『中学生の道徳3　あかつき』（暁教育図書、二〇一三）

# あとがき

最初にこの本の企画案が話し合われたのは二〇一三年三月であった。その当時、世の中では道徳教育を改革しようという機運が高まっていた。ここで、簡単に整理してみる。

まず、少し遡《さかのぼ》るが、二〇〇六年一〇月一〇日、第一次安倍内閣によって教育再生会議が政府内に設置された。同会議は翌二〇〇七年一月二四日に第一次報告を出し、続く六月一日に第二次報告を明らかにした。その第二次報告の中に「道徳教育に代わり『徳育』を『新たな教科』として新設する」という提言が書かれていた。しかし、その時は、世論や学校現場から批判の声が挙がり、実現はしなかった。

道徳の教科化をめぐっては、過去にも中教審で議論された経緯があるが、道徳の授業は「個人の内面にかかる問題を扱う」といった理由から慎重意見が多く、二〇〇七年一月の新学習指導要領に向けた答申では判断が先送りされていた。その後は、道徳の授業（「道徳の時間」）を正式な教科に変えようという動きは沈静化した。

しかし、二〇一二年一二月に成立した第二次安倍内閣は、教育改革を内閣の最重要課題の一つと位置付け、教育再生実行会議を設置した。同会議は、二〇一三年二月二六日に表された第一次提言において、いじめ問題への解決策として道徳教育の強化（教科化）を掲げた。

二〇一三年三月には、この提言を踏まえて道徳教育の充実について検討するため、有識者会議（「道徳教育の充実に関する懇談会」）が文部科学省に設置された。

そのような折、われわれは二〇一三年四月二八日の日曜日に集まり、道徳教育のあり方について研究会を開いた。

道徳教育の改革動向に関するわれわれの当時の認識は、「道徳心を評価することへの危機意識」であった。「道徳の時間」を教科（「道徳科」）にするということは、道徳の成績がつくことを意味する。もし、現在実施されているような道徳の授業で評価が導入された場合、生徒たちは教師が唱える「徳目」（道徳的な価値や行動）を諳《そら》んじ、本心は抜きに、そのように考え、振る舞うことを約束して点数（評価）を稼ぐようになるだろう。

例えば、道徳の成績を良くするために、学校を掃除し、先生や友達の仕事を手伝い、高齢者に電車やバスの座席を譲る。しかし、その行動を起こす気持ちや頭の中では、教室や校舎の裏庭をきれいにする意味を考えず、友達を手助けすることの大切さにも思い至らず、高齢者の身体的な負担を想像したり、長く生きてこられたことに対しての畏敬の念も抱いていない。

そういう子どもたちが大勢生まれてくるような未来を想像し、道徳の教科化に反対の声を挙げようと真剣に考えた。

しかし、話し合いを重ねるうちに、われわれは次第に道徳教育の改革を望むようになっていった。われわれの中に、道徳教育を専門的に研究している者はいない。そのため、現在の道徳教育（「道徳の時間」）を分析することから始めたのだが、そうすると、今の道徳教育がうまくいっていないことに、改めて直面することとなった。

そこで、道徳教育を改革する政策が実現する可能性が高いのであれば、あるべき道徳教育について考え、新しい道徳教育を提言する機会にしようと捉えるようになった。

当初、われわれが考えていた道徳教育の目的は「多面的な視点に立って考える力を養うこと」であった。もう少し詳しく書くと、「様々な立場や状況の人間がもつ意見や生活について知ること」と、「自分の考えとは異なる意見に触れ、あるいはこれまで考えたこともなかったことについて知り、新しい自分の考えを作ること」などを実現する道徳教育を構想していた。

その際に参考にしていたのは、ソクラテスの思想である。


ソクラテスはアテナイの広場に行き、そこにいた人々に次々と疑問を投げかけた。ソクラテスは「議論をふっかけた」という言い方をする人もいるが、それは正確ではない。なぜなら、ソクラテスは、自説を主張したり、自分が考える真理を無理強いしようとはしなかったからである。

ソクラテスは、相手がもっている考えや価値観等を訊き、その根拠に対して質問をし、その答えに疑義を唱えていく。次第に、相手は自分が持っていた命題（信念）を疑うようになり、最後はそれを否定するようになる。

ソクラテスは「無知の知」という考え方を好んで使っていた。「無知の知」とは、何かを知っていると思っている状態は無知な状態であり、そう簡単に真理など分かるはずがないと思っている状態が知の状態という意味である。別の言い方をすれば、真理は存在しないが、それを探し求めて考えることが知性ある生き方だとソクラテスは考えていた。

ソクラテスが果たした役割は、人々に真理を教え諭したことではなく、考えを開始させたことである。このことに従えば、思考を深める方法は、思考の歩みを引き延ばすことであり、その役割が教師に求められることになる。

そのように考えを進めていく中で、二〇一四年一〇月二一日に中央教育審議会より道徳教育に関する答申が発表された。その内容は本書でも検討したが、われわれが構想していた道徳教育に近いものであった。そこでわれわれは、予定していた本の内容を若干変更し、「多面的な視点に立って考える力を養う」道徳教育が実現するような教材や教案を検討し、それを盛り込むことにした。

候補として挙がってきた題材は、環境問題や生命倫理に関するような科学的な知識を必要とする問題から、先入観や差別意識に向き合い、社会や学校のあるべき姿を考えるような哲学的な問題まであった。いずれも、正確な知識を知らずに考えていたり、直面している人々の気持ちや生活ぶりを知らないまま見過ごしている問題であった。それらを、どのような教材でどう教えるのか、それを追究しながら、東京都世田谷区のある公立中学校にご協力をいただき、実験授業を行った。

授業の場を提供して下さった先生方や、授業を受けてくれた中学生には感謝の言葉以外にない。われわれが手探りで準備していた教材や授業案は、不十分なものばかりであった。しかし、授業の様子を撮影する許可を下さったことや、授業後のアンケートに協力して下さったため、各自の実験授業を省察することができ、それを元にした授業案を本書に掲載することができた。

しかし、本書で取り上げたテーマ以外にも「簡単に答えが出ない問題」は現代社会に数多く存在する。それらは日に日に複雑化し、混迷しているように思えてならない。例えば、「人工知能」の進化がそうだ。

人工知能の研究について、残り少ない頁で説明することは難しいが、専門家によると、このまま人工知能が発達していくと、二〇年あるいは一〇年のうちに、今ある仕事の約半分が消えてなくなるそうだ。例えば、人工知能が車に搭載されることにより、自動運転技術が実現され、運転手が不要になるらしい。しかし、自動運転技術を実現させるには、人工知能自体の研究以外に、とても大きな哲学的な答えを導き出しておく必要がある。それは「人間の価値」の問題である。

自動運転技術を実現させるためには（そのプログラムには）、「事故を起こしてはいけない」という「正解」を人工知能に与えておく必要がある。その際には、物損事故と人身事故、負傷事故と死亡事故のそれぞれについて、どちらがより重大なのかを決めなければならない。重傷者と軽傷者の比重も決めなければならない。分かりやすく言うと「一人が死亡する事故と、一〇人が重傷を負う事故と、どちらを選べばよいのか」という問題の答えを人工知能にインプットしなければならないのである。

この問いは、本書でも検討したマイケル・サンデルが自著やテレビ番組において取り扱っていた。しかし、サンデルの授業では、その問いへの答えを求めてはいなかった。なぜなら、授業を受けている学生たちが出す回答をもとに、学生たちが自分の考えの元になっている基準（価値観や思想）を明らかにし、それを相対化させる（疑わせる）ことがサンデルの目的であったからだ。

しかし、人工知能の研究、特に車の自動運転技術の開発においては、「一人が死亡する」ことと、「一〇人が重傷を負う」ことのどちらが大きな過失なのかを決めなければならない。それを入力しなければ、人工知能は何も自分では判断ができないのだ。これは非常に憂慮すべき事態である。

もし、人工知能に「一人死亡する」ことよりも、「一〇人が重傷を負う」ことの方が重大だと入力したとする。その場合、自動運転技術をもった車が何らかの事故に巻き込まれて、すぐに止まれない場合、正面に十数名の集団がいることを感知したなら、その脇に一人だけいる歩行者をねらって、車は突っ込むことになる。その結果、お一人の方が亡くなられた時、皆はそれに納得できるのだろうか。また、その逆に、一人の歩行者を助けるために、十数人の集団に車が突っ込んだ場合、それを皆は納得できるのだろうか。

もし、助かった一人が信号無視をした老人で、重傷を負った一〇数名が幼稚園児とその先生だったら、皆は納得できるのだろうか。「信号無視」に係数をかけて、信号を無視している歩行者の優先順位を下げることはできるかもしれないが、老人と幼児のいずれかに係数をかけることはできるのだろうか。技術的にはできるとしても、いったいどういう係数をかけるのだろうか。老人と幼児では、人間としての価値が違うのだろうか。憂慮するべき事態とは、このことである。

これまでなら、それぞれの人間の価値について、どちらが高くて、どちらが低いなどということは、考えなくてよかった。むしろ、考えてはいけない問題だったと言えるだろう。しかし、自動運転の車を作るためには、誰の命が重くて、それに比べると誰の命の価値が軽いかを決めなければならないのだ。皆さんは、この問題についてどう考えるだろう。

おそらく、その答えは出せない、あるいは出すべきではないという理由で、自動運転技術の開発が止まることはないだろう。そうであるならば、早晩、答えを決めなければならない。もし、「幼児の命は老人の命の二倍」という係数を決めたとする。そのような考えが生まれるのは、「寿命」や「未来」に対して重い価値をもっているからであろう。一見すると、この考えに賛成する人がいるかもしれないが、何かの価値に係数をかける発想を受け入れてしまうと、際限なくエスカレートする可能性がある。

画像認識技術の進歩は驚くべき早さだ。数年後には、高い確率で各個人を正確に認識し分ける人工知能が実現するかもしれない。そうなった場合、国や自治体の運営に影響と責任をもつ政治家や役人に高い係数がかけられる可能性がある。大手企業の重役クラス以上に係数がかけられるかもしれない。他に、医師や看護師、教師にも係数がかけられるかもしれない。それらのように社会的影響力が大きい、あるいは公共性が高い仕事をしている人々の命は、それ以外の人の命よりも、本当に重いのだろうか。

そうかもしれない。大勢の人々の生活や命を助ける仕事は、そうでない仕事よりも価値があるのかもしれない。しかし、私には、その通りかどうか分からない。他の人の意見を聞いて考えたり、他の人の意見が書いてある本を読んで考えたりすれば、分かるようになるのかもしれない。あるいは逆に、どれだけ大勢の人の意見を聞いても、本を読んでも分からない可能性もある。その場合、出発点に立ち戻り、もっと違う観点を探してみる必要があるかもしれない。

例えば、老人や幼児、公共性が高い職種と低い職種などで係数をいっさいかけない、という観点だ。その観点が出てくる根っこには、「人間の命は全て平等である」という考え方がある。この考え方は正しいのだろうか。犯罪を犯した人と、そうでない人とは、命の重さは同じなのだろうか。もし、同じでないなら、犯罪の種類に係数をかけるのだろうか。情状酌量の余地があるような場合はどうするのだろうか。もし、罪を犯した人と、そうでない人の命の重さが同じであるなら、なぜ死刑があるのだろうか。

これらの難題は、人工知能や自動運転技術が進化したことによって生まれた。であるならば、それらの開発を止めれば問題は解決（消滅）するのであろうか。それは違うだろう。

本書で取り上げた臓器移植、ロボット開発、デザイナー・ベビー、障害者差別なども、突き詰めれば「人間の価値に違いはあるのか」という問題に向き合うことになるのだ。それは、これまで論じた中に記されている。

われわれ人間は考えなければならないのだ。いま現在、幸いなことに、身近な人間が臓器不全を患っていないとか、親類や友人はみんな自然分娩できたとか、そういう理由で考えることを先延ばししてはいけないのだ。なぜなら、それらの問題に直面している人がどこかにいるからである。

まず、そのような人たちの状況を知ることから始めるのだ。どのような思いをもって、どのような日々を過ごされているのか。そして、他のクラスメートはその問題についてどのように考えているのかを聞き、それから自分の考えを作っていく。

この手順を踏めば、必ず「正解」にたどり着くわけではない。しかし、それで良いのだ。皆がこのような手順を踏む社会に、豊かな何かを期待できる気がするのだ。多様な価値観を受け入れるとは、いままで自分が知らなかった人々の考えや生活を知ることから始まる。教育する側の人間として、そういう手順を踏みながら、子どもたちを育てたい。その思いが、本書を作った全員の願いである。

【資料】

# 道徳教育の変遷――道徳の時間の設置から教科化に至るまで――

## 1　戦後道徳教育の流れ

一九五八年には、学習指導要領が改訂されて「道徳の時間」が新設された。だがその後も、道徳の授業を強化しようとする動きが何度もなされた。ここでは、一九五八年の道徳の時間の設置から、今回の教科としての道徳までの流れを列挙する。

道徳の時間の設置から普及の過程

一九五八年　学習指導要領第三次改訂
　学習指導要領が、それまでの試案から法的拘束力をもった基準になり、道徳の時間が週一時間設置される

一九六三年　七月一一日　教育課程審議会「学校における道徳教育の充実方策について」（答申）

一九六五年　文部省が各都道府県教育委員会などに対し、「道徳の読み物資料について」（通知）

道徳授業の改善と強化の過程

一九八三年　文部省が「公立小・中学校における道徳教育の実施状況に関する調査」を実施

一九八六年　四月二三日　臨時教育審議会「第二次答申」徳育の充実

一九九八年　六月三〇日　中央教育審議会「幼児期からの心の教育の在り方について」（答申）「新しい時代を拓く心を育てるために――次世代を育てる心を失う危機――」

二〇〇〇年　一二月二二日　教育改革国民会議「教育を変える一七の提案」（報告）

人間性豊かな日本人を育成する

・学校は道徳を教えることをためらわない

二〇〇二年　四月　道徳教育の充実に資する補助教材『心のノート』を全国の小・中学校に無償配布

道徳の教科化への過程

二〇〇七年　六月一日　教育再生会議「第二次報告」

〈心と体――調和の取れた人間形成を目指す〉

提言1　全ての子供たちに高い規範意識を身につけさせる

・国は、徳育を従来の教科とは異なる新たな教科と位置づけ、充実させる

二〇一三年　二月二六日　教育再生実行会議「いじめ問題等への対応について（第一次提言）」

1．心と体の調和の取れた人間の育成に社会全体で取り組む。道徳を新たな枠組みによって

教科化し、人間性に深く迫る教育を行う

二〇一三年　三月　文部科学省「道徳教育の充実に関する懇談会」設置

二〇一三年　十二月二六日　同懇談会「今後の道徳教育の改善・充実方策について」（報告）「特別の教科　道徳」（仮称）を提言

二〇一四年　二月「道徳に係る教育課程の改善等について」（諮問）

二〇一四年　三月　初等中等教育分科会教育課程部会に「道徳教育専門部会」設置

二〇一四年　四月『心のノート』を全面改訂した道徳教育用教材『私たちの道徳』を全国の小・中学校に無償配布

二〇一四年　一〇月二一日　中央教育審議会「道徳に係る教育課程の改善等について」（答申）

二〇一五年　三月二七日　学校教育法施行規則及び学習指導要領（小学校、中学校、特別支援学校小学部・中学部）の一部改正「特別の教科　道徳」を設置

小学校は二〇一八年度から、中学校は二〇一九年度から全面実施

以上が、戦後の道徳教育の大まかな流れである。本書の「少し長いまえがき」において、今回の「特別の教科　道徳」のねらいについて詳述されているので、以下においてはこれまでの流れの概説を述べる。

## 2　道徳授業改定の概説

一九五八年八月に文部省が告示した学習指導要領（小学校、中学校）を受けて、小・中学校において道徳の時間が週に一時間実施されることになった。しかし、このことが意味するのは、道徳の時間だけで道徳教育を行うということではない。そもそも、この当時の道徳教育は、社会科をはじめとした各教科や学校行事といった、学校の教育活動全体を通じて行うことを前提としていた。なお、この「学校の教育活動全体を通じて行う」という方針は、現在の道徳教育においても前提とされている。

しかし、当時の道徳教育の実情を鑑みると、学校の教育活動全体を通じて行うだけでは、必ずしも十分とはいえなかった。そこで、この従来の方針は変更せずに、道徳教育の徹底・強化を図るために、新たに道徳の時間を設けることになった。この道徳の時間の位置づけは、各教科、特別教育活動、学校行事等における道徳教育を補充、深化、統合するものとされた。また、道徳の時間における指導は、原則として学級担任が行うものとされた。なお、国語や理科などの各教科の授業と異なる点としては、教科書を使用しない、数値評価を行わないなどを挙げることができる。正確を期するために補足すると、当時の学習指導要領において道徳は、各教科、特別教育活動、学校行事と並んで教育課程の四つの領域の一つとして位置づけられたのである。

道徳の時間の設置から五年経過した一九六三年七月一一日、教育課程審議会から「学校における道徳教育の充実方策について」（答申）が出された。同答申は、小・中学校における道徳教育の現状を見ると、必ずしも十分にその効果をあげていない、と指摘している。さらに同答申は続けて、次のように指摘している。「教師のうちには、〔中略〕道徳教育についての指導理念を明確に把握していない者がみられる。〔中略〕道徳の指導について熱意に乏しく自信と勇気を欠いている者も認められる。また一部ではあるが、道徳の時間を設けていない学校すら残存している」。この答申の文言から分かるように、一九六三年の段階においても、道徳教育の課題が指摘されていた。

その二年後の一九六五年には、文部省が各都道府県教育委員会などに対し、「道徳の読み物資料について」（通知）を出した。同通知において文部省は、道徳の時間に適切な読み物資料を使うことが望ましいという方針を明確に示した。この方針によって、道徳の時間における指導方法が、読み物資料中心へと方向転換していくことになる。換言すれば、視聴覚教材の利用、話し合い活動や体験活動を取り入れるなど、創意工夫ある指導を実践する機会が減っていくということでもある。

道徳の時間が設置されてから二五年になる一九八三年、文部省は全国の公立小・中学校を対象に、道徳教育の実施状況に関する調査を行った。例えば、前年度の一九八二年度には、道徳の授業を何時間実施したかという質問に対し、規定の標準授業時数（年間三五時間、ただし小学校一年は三四時間）を下回った学級は、小学校では四八・六％、中学校では七五・三％となっていた。その理由としては、学級会、学校行事、各教科の指導などに充てたという回答が挙げられていた。

また、一九八三年度の道徳教育の全体計画（学校の教育活動全体を通じて行う計画）を作成した学校であっても、全教師の共通理解が得られていないところが、小学校では三一・〇％、中学校では三七・九％あった（『読売新聞』一九八三年八月六日朝刊、三頁）。この調査結果から分かるように、授業時数の不足や教師の足並みの乱れなど、道徳教育に関する不十分な実態が明らかとなった。

道徳教育は、長年にわたる試行錯誤を繰り返しながら、その在り方を模索し続けてきた。しかし、各教科などに比べて、道徳の時間は軽視される傾向があるなど、道徳教育の課題が指摘されてきた。また、いじめによる悲しい事件が相次ぐなど、解決が迫られる喫緊の課題も出てきた。こうした状況の中で内閣に設置された教育再生実行会議は、二〇一三年二月二六日、第一次提言を取りまとめた。同提言では、「道徳の教材を抜本的に充実するとともに、道徳の特性を踏まえた新たな枠組みにより教科化し、指導内容を充実し、効果的な指導方法を明確化する」（二頁）ことを求めた。

この提言を踏まえ、文部科学省は同年三月、道徳教育の充実に関する懇談会を設置した。同懇談会は、道徳教育のこれまでの成果や課題を検証しつつ、前述した教科化の具体的な在り方や、『心のノート』の全面改訂などについて検討を行った。そして、同年十二月二六日、同懇談会は、「今後の道徳教育の改善・充実方策について」（報告）を取りまとめた。同報告では、道徳教育の課題を指摘した上で、道徳の時間を「特別の教科　道徳」（仮称）として新たに教育課程に位置づけることを提言した。また、道徳教育の目標、内容、指導方法、評価に関する改善や、検定教科書の導入などについても併せて提言した。

この報告を踏まえ、文部科学省は二〇一四年四月、『心のノート』を全面改訂した道徳教育用教材『私たちの道徳』を全国の小・中学校に無償配布した。なお、全面改訂に伴う変化の一つには、読み物資料の掲載を挙げることができる。これまでの道徳の時間では、多くの場合、読み物資料を中心にして学習が展開されてきたという事情がある。こうした事情を踏まえ、『私たちの道徳』には、全国の学校でこれまで広く活用されてきたものを中心にして、読み物資料が掲載されている。具体的には、物語や寓話に限らず、国内外の偉人や著名人に関するものなども含めて、児童生徒が道徳的価値について考えるきっかけとなる読み物資料が盛り込まれることになった。

そして二〇一四年一〇月二一日、中央教育審議会から答申が出された。この答申を受けて、翌二〇一五年三月二七日、学校教育法施行規則及び学習指導要領（小学校、中学校、特別支援学校小学部・中学部）の一部改正が行われ、道徳の時間が「特別の教科　道徳」（以下、道徳科と略記）として、教育課程上新たに位置づけられた。なお、正確に書くとすれば、移行措置の期間を経た後に、小学校は二〇一八年度から、中学校は二〇一九年度から、道徳科が全面実施されることになる。